EIN
SCHWEIZER
FOTOGRAF

ZEHN
JAPANISCHE
KÖCHE

1000 SOUVENIRS

44 REZEPTE

Sämtliche Rezepte sind, wenn nicht anders erwähnt, für vier Personen berechnet.

REISEN ESSEN SPRECHEN

Sabine Scholl, 1959 in Österreich geboren, lebt als Schriftstellerin und Publizistin in Berlin. Nach einem Aufenthalt als Gastprofessorin in Nagoya ist im Jahr 2006 ihr Buch „Sprachlos in Japan" erschienen.

An meinem ersten Tag in Japan kam ich auf der Suche nach Essbarem in einen Supermarkt, wo ich, wie erwartet, umherirrte. Denn natürlich konnte ich die Aufschriften auf den Packungen nicht entziffern. Wo also kein aussagekräftiges Bild auf der Packung war, war ich auf Vermutungen angewiesen. Selbst wenn der Inhalt durch eine transparente Verpackung zu sehen war, hieß das noch lange nicht, dass ich erkennen konnte, worum es sich handelte, denn die Form und Beschaffenheit japanischer Lebensmittel unterscheiden sich tatsächlich von denen in einem mitteleuropäischen Supermarkt. Ich entschied mich für eine klare Flüssigkeit, von der ich annahm, dass es sich um Wasser handle, für einen Karton mit der Zahl 100 und einer aufgeschnittenen Orange, von dem ich annahm, dass er hundertprozentigen Orangensaft enthielt, für eine Packung Spaghetti, das war leicht, und eine Fertigsauce. Das Foto darauf sah nicht so schlecht aus, die Sauce schmeckte dann aber scheusslich. In Japan ist es nämlich üblich, Nudeln in Sauce schwimmend zu essen, wie ich später bemerkte, und diese Gewohnheit wird auf das italienische Nudelgericht übertragen. Und dass es streng genommen gar keine japanischen Nudelgerichte gibt, sondern verschiedene, unseren Nudeln ähnelnde Speisen, die aber je nach Beschaffenheit völlig anders zubereitet werden, erfuhr ich erst später.

Diese erste Mahlzeit war die mieseste, die ich in der langen Zeit, die ich in Japan lebte, dort je aß. Aber ich lernte zu experimentieren, ließ mich durch falsche Einkäufe nicht entmutigen und machte Fortschritte. Langsam. So schüttete ich eines Tages einen Fitnessmolkedrink in meinen Morgenkaffee, bereitete mir eines Abends Misosuppe nur aus dem in Säckchen beigepackten Trockengemüse zu und fragte mich, warum die Suppe so geschmacklos war, oder ich wunderte mich über das zähe Fleisch der Hühnerspiesse, bis mir erklärt wurde, dass es sich um Rindermagen gehandelt habe. Dass sich die wunderbare Vielfalt des japanischen Essens nur unter kundiger Anleitung von Einheimischen erschließt, weist noch mal auf den sozialen Aspekt der Nahrungsaufnahme. Essen und Sprechen, beides macht der Mund. Sich einem fremden Land übers Essen und den mit dem Essen beschäftigten Menschen zu nähern, wie dies Sylvan Müller in Japan gemacht hat, ist nicht einfach, aber praktisch, abenteuerlich und geschmacksbildend. Und gerade in Japan eine lohnende Methode, das Land kennenzulernen.

Kaum ein anderes Land beschäftigt sich so intensiv mit Essen. Neben dem Sozialen zählt vor allem das Ästhetische: besonderes Geschirr, schöne Keramiken, das Arrangement der Speisen. Da man nicht ein Gericht nach dem anderen verspeist, sondern möglichst viele verschiedene Dinge gleichzeitig auf den Tisch kommen, wird auf die stimmige Präsentation besonders Wert gelegt. Dazu kommen diverse Kochgeräte, oft für jeden Gast einzeln, wie Tischgrill, Gasbrenner, auf dem die Suppe gekocht wird, oder für kurzes Garen ein Tongefäss mit einem Wachslicht. Schließlich Saucen, Gläser, Teebecher, Reisschüsseln, so dass ein Zwei-Quadratmeter-Tisch für vier Personen schnell zu klein wirkt. Und wenn man selbst nicht gerade isst, sieht man zu, wie andere es tun. Im Restaurant, am Bahnhof, auf der Strasse oder im Fernsehen, wo es viele Kochsendungen gibt. Da wird gekostet und gekocht, werden Wettbewerbe veranstaltet, Mädchen in fremde Länder geschickt, in denen sie Gänseleber und Schweineschmalz studieren sollen, da wird vor laufender Kamera von einem Lokal zum andern flaniert, um den besten Käsekuchen, den schmackhaftesten Fleischknödel zu finden. In den Werbepausen werden verlockende Spots mit Riesenaufnahmen von schlüpfrigen Klößen und klebrigen Bohnenpuddings geschaltet. Essen ist die beste Unterhaltung, die es gibt.

VORWORT

KOCHKURS

DIE KOCHSCHUL LEHRERIN SACHIKO TEJIMA

KOCHEN LERNEN IN TOKIO

Es ist Wochenende, aber Sachiko Tejima arbeitet weiter, in ihrer Wohnung mitten in Asakusa. Die Wohnung ist klein, und im kleinsten Raum bringt sie ihre Gäste unter. Wissbegierige Gäste. Wir sind gekommen, um bei Sachiko Tejima einen Kochkurs zu besuchen. Vor nicht allzu langer Zeit war Sachiko selber Kochschülerin. Sie wollte ihrem Mann eine gute Frau sein, und dazu gehört, das war für sie ganz klar, eine gute Köchin zu sein. Furchtbar schlecht sei sie gewesen, sagt Sachiko.

Sie besuchte dann einen Kurs. In der Kochschule von Yoko Arimoto, einer sehr bekannten Kochbuchautorin in Tokio. Dort muss Sachiko eine solche Begeisterung und ein solches Talent an den Tag gelegt haben, dass die Meisterin sie nicht mehr gehen lassen wollte. Sachiko wurde von der Schülerin zur Lehrerin – und blieb bis heute. Sie unterrichtet, assistiert der Chefin bei Fotoaufnahmen für Kochbücher oder berät sie in der Herstellung der firmeneigenen Koch-utensilien. Und sie kocht einfach immer weiter. Am Wochenende in ihrer Wohnung, in derselben Wohnung, in der sie vor vielen Jahren an einer Party ihren Mann kennengelernt hat, Keisuke Tejima. Der ist beim Kochen ihr stiller Begleiter mit seiner Videokamera. Und von Zeit zu Zeit entkorkt er eine Flasche Wein, die er aus einer der unzähligen Kisten zieht, die sich bei der Wohnungstür stapeln. Praktisch, zumal es in diesen Mietshäusern keine Keller gibt.

Der Tisch wird ausgezogen und darum herum drängen sich die Gäste wie zum Heiligen Abendmahl. Jetzt wird gekocht und gekostet, unter strikter Anweisung von Sachiko. Wir beginnen bei A. A wie Reis. Dann lernen wir, wie man Dashi kocht, den japanischen Grundfond, und bald auch einige ganz einfache Alltagsrezepte. Der Kurs neigt sich dem Ende zu, als Keisuke gesteht, sein Leibgericht sei Spaghetti alle vongole, und ohne ein Rezept dafür lasse er uns nicht ziehen. Wir vereinbaren spontan einen nächsten Kurs, mediterrane Küche für japanische Anfänger, und so stehen wir am folgenden Wochenende schon wieder in der winzigen Küche irgendwo in Asakusa. Wir kochen Spaghetti alle vongole und Costolette d'agnello fritte in pastella al parmigiano, dazu bayrische Reiberdatschi. Keisuke dokumentiert jeden Schritt mit seiner Kamera und Sachiko in ihrem Notizbuch. Keisuke öffnet einen Wein aus der Marche. So beginnt diese Geschichte. Mit einem Rezeptaustausch und einer Freundschaft.

Gohan

REZEPT 01

GEKOCHTER REIS

400 g japanischer Rundkornreis
(Uruchi mai)
550 ml Wasser

Zuerst kocht Sachiko mit uns Reis. Den Reis richtig zu kochen, sei die Basis der japanischen Küche, sagt sie. Reis ist nicht nur Japans Hauptnahrungsmittel, er ist ein Teil der Seele des Landes. Nur schon, dass im Japanischen dasselbe Wort für „gekochten Reis" wie für „Mahlzeit" gebraucht wird, zeigt dessen Bedeutung. Die Japaner sind sehr stolz auf ihren Reis und bauen ihn in weiten Teilen des Landes an. So sind sie meist in der Lage, sich selbständig zu versorgen. Aber nicht immer, und dann droht der japanischen Seele und dem japanischen Körper grosse Gefahr: Nach schlechten Ernten führte das japanische Gesundheitsministerium auch schon breit angelegte Kampagnen, um die Bevölkerung darüber aufzuklären, wie der importierte, in japanischen Augen minderwertige Reis zu reinigen sei, um ihn überhaupt essen zu können.

Pro Person serviert man ungefähr 250 Gramm gekochten Reis. Dazu benötigt man etwa 100 Gramm ungekochten Reis.

Zuerst wird der Reis ausgiebig gewaschen. Dazu stellen Sie den Reis in einem Sieb in eine mit kaltem Wasser gefüllte Schüssel. Rühren Sie den Reis gut mit den Händen um, das Wasser wird milchig weiß. Wechseln Sie das Wasser und wiederholen Sie den Vorgang, bis das Waschwasser klar bleibt. Lassen Sie den Reis nie im Wasser stehen. Den Reis gut abtropfen und im Sieb mindestens 45 Minuten quellen lassen.

Sollten Sie, wie die meisten japanischen Haushalte, über einen Reiskocher verfügen, benutzen Sie ihn. Sonst setzen Sie den Reis und das Wasser in einem Topf mit gut schließendem Deckel auf den Herd und lassen das Wasser aufkochen. Dann reduzieren Sie die Hitze und kochen den Reis so lange weiter, bis er alles Wasser absorbiert hat, also etwa 15 Minuten. Der Topf soll unbedingt während der ganzen Kochzeit mit einem Deckel gut geschlossen bleiben. Dann wird der Topf vom Herd genommen und der Reis zugedeckt zirka 15 Minuten ruhen gelassen. Danach wird der Reis vorsichtig mit einer Holzkelle von unten nach oben gewendet und so etwas aufgelockert. Der Reis sollte klebrig sein, aber noch etwas Biss haben, dann ist er perfekt.

GRUNDFOND DASHI

REZEPT 02

FÜR 1 LITER

1 Stück Kombu, postkartengroß
30 g Katsuoboshi
(getrocknete Bonito-Flocken)
1 Liter Wasser

Der nächste wichtige Schritt ist die Zubereitung von Dashi. Dashi ist der Grundfond der japanischen Küche und besteht aus Kombu, einer Algenart, und Katsuoboshi, getrockneten Fischflocken vom Bonito. Beides ist bei uns erhältlich, und die Herstellung von Dashi ist so einfach, dass sich der Kauf der ebenfalls erhältlichen Instant-Dashi auf keinen Fall lohnt. Dashi wird in unglaublich vielen Gerichten verwendet und ist eine der Hauptgeschmacksnoten der japanischen Küche. Sie können Dashi auch in größeren Mengen zubereiten und dann einfrieren. Frisch zubereitet, sollte Dashi möglichst am gleichen Tag verwendet werden.

Reiben Sie den Kombu mit einem feuchten Tuch ab und erhitzen Sie ihn langsam in einem Topf mit einem Liter Wasser. Kurz bevor der Siedepunkt erreicht ist, nehmen Sie den Topf vom Herd und entfernen den Kombu. Kombu entwickelt sonst einen starken, unangenehmen Geschmack. Dann werden die Bonito-Flocken hinzugefügt, der Topf kommt zurück auf den Herd, und das Ganze wird wieder zum Sieden gebracht. Die Bonito-Flocken lassen Sie nur wenige Sekunden kochen, dann nehmen Sie die Pfanne wieder vom Herd und lassen das Ganze kurz ziehen, bis die Flocken an den Pfannenboden abzusinken beginnen. Danach seihen Sie alles durch ein mit Haushaltspapier ausgelegtes Sieb ab.

Ichiban Dashi

Haru-yasai to
tomato no nibitashi

REZEPT 03

GEDÄMPFTES GEMÜSE IN DASHI

300 g gelbe Cherrytomaten
250 g Zuckererbsen (Knackerbsen)
200 g Federkohl

200 ml Dashi
1 EL weiße Sojasauce
1 TL helle Sojasauce
1 Prise Salz
½ TL Reisessig

Sachiko verwendet für dieses Gericht verschiedene Gemüse, darunter „petit vert", eine japanische Kreuzung von Winterkohl und Kohl. Federkohl kommt diesem sehr nahe, Sie können aber auch andere Gemüse verwenden wie beispielsweise grünen Spargel. Die weiße Sojasauce ist nicht einfach zu finden. Dank ihr bleibt die Sauce dieses Gerichts hell. Verwenden Sie notfalls statt der weißen eine leichte, helle Sojasauce.

Blanchieren Sie die Cherrytomaten kurz in heißem Wasser, um sie dann sofort mit kaltem Wasser abzuschrecken. So können Sie sie leichter schälen. Entfernen Sie bei den Zuckererbsen die Stiele und die Fäden. Auch die Zuckererbsen werden kurz blanchiert, sie sollten noch Biss haben, und dann abgeschreckt. Halbieren Sie die Schoten längs, leicht diagonal. Den Federkohl blanchieren Sie nur ganz kurz und schrecken ihn im Eiswasser ab.

Für die Sauce erhitzen Sie Dashi, die Sojasaucen, das Salz und den Reisessig kurz.
Richten Sie die Gemüse in Schalen an und begießen Sie sie mit wenig Sauce.

FRITTIERTE FRÜHLINGSZWIEBELN UND FAVA BOHNEN

REZEPT 04

FÜR 4 STÜCK

1 große Frühlingszwiebel
8 Fava-Bohnen
10 g getrocknete Garnelen/Sardinen

3 EL Mehl
3 EL Wasser
500 ml Sesamöl zum Frittieren

Kakiage sind Häufchen von frittiertem Gemüse und können mit den verschiedensten Zutaten zubereitet werden. Sachikos Kakiage wird mit Fava-Bohnen, Frühlingszwiebel sowie mit Sakura Ebi oder Chirimenjako frittiert. Sakura Ebi sind Garnelen, die man getrocknet in japanischen Lebensmittelgeschäften erhält, genauso wie Chirimenjako, die getrockneten kleinen Sardinen. Man kann sie auch weglassen, sie geben der Kakiage aber einen wunderbaren, salzigen Fischgeschmack.

Halbieren Sie die Frühlingszwiebel und schneiden Sie sie in dünne Streifen. Lösen Sie die Fava-Bohnen aus den Schoten und schälen Sie sie. In einer Schüssel mischen Sie nun die Gemüse mit den getrockneten Garnelen oder den getrockneten Sardinen. Geben Sie das Mehl dazu und vermischen Sie alles gut. Dann gießen Sie langsam das Wasser hinzu, es entsteht eine klebrige, leicht klumpige Masse. Erhitzen Sie in einer Pfanne das Öl auf etwa 170 Grad. Sie können mit einem Tropfen Teig die Temperatur kontrollieren: Der Tropfen sollte unter die Oberfläche des Öls abtauchen, ohne den Boden zu berühren, und dann die Oberfläche wieder erreichen, während das Öl an seinen Rändern blubbert. Erreicht der Teigtropfen den Boden, ist das Öl zu kalt, taucht er nicht ein, ist es zu heiß. Nun lassen Sie bierdeckelgroße Häufchen vom Gemüse auf einer Holzkelle ins Öl gleiten, halten Sie sie anfangs gut zusammen und frittieren Sie diese etwa 4 Minuten hellgolden. Lassen Sie die Kakiage vor dem Servieren auf einem Papier abtropfen und bestreuen Sie diese mit etwas Salz.

Shin-tamanegi to soramame no kakiage

Tori no Teriyaki

REZEPT 05

FLEISCH BÄLLCHEN VOM HUHN

FÜR 8 STÜCK

200 g gehacktes Hühnerfleisch vom Oberschenkel
½ TL Salz
3 EL Lauch, fein gehackt
2 EL Ingwer, fein gehackt
1 TL Sake
1 kleines Ei
Pfeffer
1 TL helle Sojasauce
4 EL Mais- oder Kartoffelstärke
1 EL Sesamöl

2 EL Sake
2 EL Mirin
1 EL dunkle Sojasauce

3 EL gehackte Minze
grob gemahlener Pfeffer

Sachiko garniert die Klößchen mit Kinomeblättern. Das sind die hellgrünen Blättchen einer Rautenart, deren Früchte man als Szechuanpfeffer kennt. Kinomeblätter sind in Japan sehr beliebt, schmecken pfeffrig und leicht nach Minze und Zitrone. Frisch gehackte Pfefferminze und ein wenig grob gemahlener schwarzer Pfeffer sind ein guter Ersatz.

Vermengen Sie in einer Schüssel das Hühnerfleisch mit dem Salz, dem Lauch, dem Ingwer und dem Sake. Verrühren Sie das Ei mit etwas Pfeffer und der Sojasauce und geben Sie es zur Fleischmischung. Zum Schluss mischen Sie noch die Mais- oder Kartoffelstärke unter und kneten alles gut durch. Nun formen Sie die Fleischmischung zu acht Bällchen. Braten Sie diese in etwas Sesamöl von allen Seiten gut an. In einem anderen Topf erhitzen Sie nun Sake, Mirin und die Sojasauce und begießen die Fleischbällchen damit. Drehen Sie die Fleischbällchen kurz in der Sauce und lassen diese ein wenig eindicken. Servieren Sie das Gericht mit der gehackten Minze und dem grob gemahlenen Pfeffer.

TV
ウチ・ゴハン
丸ごと鯛づくし!!
鯛ごはん&春野菜スープ
冠のギザギザを使い
尾から頭へこすればウロコが取れる
ビニール袋に入れてウロコを取れば
飛び散らず 後片付けも簡単
洋風トマト鯛ごはん
お米とコンソメスープを入れ かき混ぜる
マイクロトマ
愛知県で主に栽培されている直径8~10mmのトマト
レストランなどでよく使われている2007年の注目食
鯛とトマトは相性バツグン!
2つのうま味が合わさると美味しさ倍増!
鯛と春野菜のスープ
3枚におろした鯛に塩をふる
鯛の骨や頭も煮込むことで
だしが出て美味しいスープができる!
絹さやは丸くなっている側の
スジをとると形くずれしにくい
鯛と春野菜のスープ
オリーブオイルが熱くなる前に
スライスしたニンニクを入れる

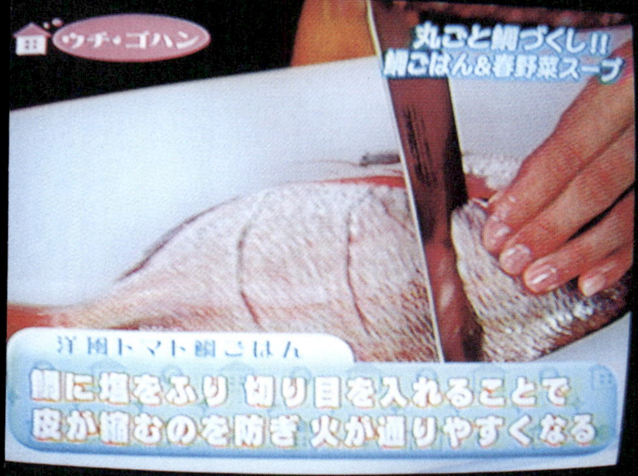
ウチ・ゴハン
丸ごと鯛づくし!!
鯛ごはん&春野菜スープ
洋風トマト鯛ごはん
鯛に塩をふり 切り目を入れることで
皮が縮むのを防ぎ 火が通りやすくなる

ウチ・ゴハン
丸ごと鯛づくし!!
鯛ごはん&春野菜スープ
洋風トマト鯛ごはん
オリーブオイルをひき
強火で両面に焼き目をつける

ウチ・ゴハン
丸ごと鯛づくし!!
鯛ごはん&春野菜スープ
鯛ごはんも炊く前に焼き目をつけておくと
生臭さが抑えられ香ばしくなる!

ウチ・ゴハン
丸ごと鯛づくし!!
鯛ごはん&春野菜スープ

ウチ・ゴハン
丸ごと鯛づくし!!
鯛ごはん&春野菜スープ

ウチ・ゴハン
丸ごと鯛づくし!!
鯛ごはん&春野菜スープ

ウチ・ゴハン
丸ごと鯛づくし!!
鯛ごはん&春野菜スープ

ウチ・ゴハン
丸ごと鯛づくし!!
鯛ごはん&春野菜スープ
鯛と春野菜のスープ
鯛の骨と頭に強火で両面 焼き目をつける

ウチ・ゴハン
丸ごと鯛づくし!!
鯛ごはん&春野菜スープ
鯛と春野菜のスープ
鯛の骨と頭を15分煮て だしをとる

ウチ・ゴハン
丸ごと鯛づくし!!
鯛ごはん&春野菜スープ

ウチ・ゴハン
丸ごと鯛づくし!!
鯛ごはん&春野菜スープ
鯛と春野菜のスープ
一口大に切った春キャベツ
半分に切った菜の花・絹さやを炒める

ウチ・ゴハン
丸ごと鯛づくし!!
鯛ごはん&春野菜スープ

TOKIO

あぶない!! かけ み乗車はやめましょう
上り up
下り down

お願い
危険ですので柵外に物を投げすてないでください。
駅長
なかのぶ
5

高電圧
電線
注意
絶対イヤです。
あかずの踏切!
埼京線は立体化で
埼京線踏切問題
連絡協議会
事務局 3408-4424
踏切
4.5M

斉藤商店
止まれ
自転車を除く
一方通行
(有)柏木青果

ODAJIMA
Kappou Odajima
7-18-24, Suzuki Building 1F
Roppongi, Tokio
Tel: 03-3401-3345
www.kappo-odajima.co.jp

MINORU ODAJIMA TOKIO

Während in Paris die Jugend revoltierte, träumte ein junger japanischer Koch an der Seine von den Alpen. Minoru Odajima hatte mit 25 Jahren seine Geburtsstadt Tokio verlassen und arbeitete in einem japanischen Restaurant an der Rue Molière 14. Es war 1969. Er kochte für Pierre Cardin, Kenzo und Jeanne Moreau. Das „Takara" war ein exklusiver Treffpunkt. Hier ließ sich die gehobene Gesellschaft in die Genüsse der japanischen Küche einführen – und trank dazu die großen französischen Weine. Odajima beobachtete und merkte sich alles. Aber vorerst genoss er den Sake und träumte von den Bergen, die er in seinem Leben noch besteigen wollte. Roppongi, im Süden von Tokio, im Frühling 2007. Das Taxi quält sich durch die kleinen Seitenstraßen. Die Hauptströme des Verkehrs und der Nachtschwärmer sind weit weg. Wir suchen Minoru Odajima. Roppongi bedeutet „sechs Bäume". Gemeint sind wohl nicht reale Bäume. Zur Edo-Zeit soll das Quartier der Wohnsitz von sechs Provinzfürsten gewesen sein, deren Namen sich auf Bäume bezogen. Die waren längst tot, als der letzte japanische Shogun mitsamt seinen Samurais abdankte. Edo wurde zu Tokio und war damals die größte Stadt der Welt. Knapp hundert Jahre später wurde sie beim großen Beben von 1923 weitgehend zerstört. Es geschah am 1. September zur Mittagszeit. Die Kochstellen in den Küchen waren alle in Betrieb und lösten die verheerenden Brände aus, die viel mehr vom alten Tokio zerstören sollten, als es das eigentliche Beben geschafft hatte.

In Roppongi wurde am 19. April 1944 Minoru Odajima geboren, etwas mehr als ein Jahr vor Japans Kapitulation im Zweiten Weltkrieg. Als danach die US-Besatzungsmacht einzog, war das Schicksal des Quartiers besiegelt. Roppongi wurde zum Botschaftsviertel und gleichzeitig zum Zentrum des Vergnügens. Die jungen GIs waren die ersten und besten Kunden des boomenden Nachtlebens. Auch heute noch lärmt auf den breiten Boulevards die ganze Nacht hindurch das Partyvolk, das durch unzählige Türen in die Clubs steigt und erst Stunden später wieder ausgespuckt wird. Hinter den Hauptstraßen verstecken sich in winzigen Gässchen kleine Wohnhäuser und unscheinbare Restaurants. Irgendwo wartet hier Minoru Odajima. Im Untergeschoß eines zweistöckigen Wohnhauses finden wir ihn endlich.

Nur wenige Tische füllen den Raum, das spärliche Licht wärmt ihn sanft. Zuhinterst steht eine geschwungene Bar, hinter der Odajima kocht. Wir setzen uns an diese Bar. Die Begrüßung ist still, doch herzlich. Und genau so still beginnt nun das Spektakel am Herd: mit Daikon, dem milden japanischen Rettich an einem Fond mit grünem Spargel und Foie gras, einem Meeresfrüchtesalat mit Hering, Oktopus, Jakobsmuscheln, Garnelen, Lotuswurzeln und Frühlingskohl oder, ganz traditionell, mit Yakitori, einem am Spieß grillierten Huhn. Und dazu immer wieder große Weine, nicht selten aus Frankreich. Voll, scheinbar ewig voll ist auch das Glas des Meisters, der hinter der Bar mit flinken Bewegungen, aber in aller Ruhe für seine Gäste kocht. Er ist ein Koch der leisen Töne. Und immer wieder überrascht die Harmonie von Wein und Speisen.

Mit Minoru Odajima im Restaurant steht seine Frau Michiko, „my Honey", wie er sie mit zwei der wenigen Worte nennt, die er im Englischen kennt. Sie hatten sich in Paris getroffen – der Koch im „Takara" und die Französischstudentin an der Sorbonne. Zusammen gingen sie zurück nach Japan, heirateten und halfen im Restaurant von Odajimas Familie aus. 1976 eröffneten sie ihr eigenes Lokal. Die japanische Küche mit Wein zu kombinieren, wurde zur zentralen Geschäftsidee des Hauses, als dies in Tokio noch fast niemand machte. Der aufstrebende Geldadel wusste das zu schätzen. Es waren die Jahre nach dem japanischen Wirtschaftswunder, auf westliche Einflüsse war man neugierig. Das Geschäft der Odajimas florierte. Und die Familie wuchs. Die Tochter arbeitet heute als Chefsekretärin bei einem der größten Brauunternehmen und Weinimporteure Japans. Der Sohn steht mit dem Vater am Herd. >

Der nächste Tag, es ist ein ruhiger Sonntag während der Kirschblüte. Alles duftet, die Sonne scheint über die kurze Treppe durch die offene Tür ins Restaurant. Es ist Odajimas freier Tag. Die Stühle stehen auf den Tischen, und die Ruhe des Raumes wird nur durch die leisen Geräusche der draußen vorbeiflanierenden Menschen unterbrochen. Wir nehmen Stühle von einem der Tische, und Minoru Odajima öffnet eine Flasche Wein. Mit dem Wein lüftet sich auch das Geheimnis, das sich mit ihm verbindet. Es ist eine Geschichte, die an Odajimas 41. Geburtstag beginnt.

Der Beginn des 42. Lebensjahres ist für die japanischen Männer eine zwiespältige Sache. In diesem Jahr, heißt es, zeige sich das Schicksal. Männer und Frauen erleben im japanischen Kulturkreis je mehrere solcher Jahre, aber das 42. Lebensjahr des Mannes gilt als das gefährlichste. Die Buchstaben für „vier" und „zwei" ergeben, zusammen gelesen, das Wort „shini", was „Tod" bedeutet. Als dieses verhängnisvolle Jahr für Minoru Odajima am 19. April 1985 beginnt, überlegt sich sein Sohn, mit welchem Geschenk er seinem Vater den schwierigen Tag erleichtern könnte. Daisuke verfügt über 500 Yen an Taschengeld, das ist nicht viel. Aber er weiß um die Passion seines Vaters für den Wein und betritt zusammen mit seiner Schwester eine der wenigen Weinhandlungen des Quartiers. Nur, dort gibt es keinen französischen Wein für 500 Yen. Für die nötige Kapitalerhöhung sorgt die Schwester, und für 1500 Yen rückt der Verkäufer endlich einen Beaujolais Village Georges du Bœuf heraus. Minoru Odajima hat in seinem Leben teurere Weine getrunken, aber diese eine Flasche war und ist ihm die allerteuerste. Er gelobt, sie nur mit großer Andacht auszutrinken.

Odajima ist der schlichte Pragmatiker, und er gilt als einer der ersten japanischen Köche überhaupt, die Wein und japanische Küche miteinander kombiniert haben.

Der Wein, den er an jenem Tag von seinen Kindern erhalten hatte, wurde zu Minoru Odajimas Talisman. Mit ihm überstand er sein Schicksalsjahr und begann, neu über die Feinheiten des Weins nachzudenken und seine Küche neu zu erfinden. In einem Wein, sagt der Meister, müsse ein ganzer Lebenszyklus enthalten sein. Diese Haltung widerspiegelt die japanische Obsession, mit dem Jahreszyklus der Natur, mit der Kirschblüte im Frühling und den Wallfahrten zum Ahorn im Herbst zugleich die Geburt und die Vergänglichkeit des Lebens zu feiern. Man muss das Leben im Wein riechen können, die zarte Blüte des Frühlings, die flirrende Hitze des Sommers, den matten Tau des Herbstes. Jede Traube erzählt diese ewige Geschichte auf ihre ganz eigene Weise, und so machen es auch die Gerichte, die Minoru Odajima im Einklang mit dem Takt der Jahreszeiten kocht.

Wir haben die Flasche ausgetrunken. Dies war also die Geschichte, wie Minoru Odajima die Harmonie entdeckte. Seither erklimmt er die Gipfel, von denen er als junger Mann träumte, jeden Abend kochend. Dann steht er oben, durchströmt von der beglückenden Melancholie des Bergsteigers, der um den bevorstehenden Abstieg weiß.

ゴーやなめこせり浸し
鰻ざく 茄子田楽
焼椎茸
サラダ
海の幸サラダ
お菜 フォワグラ大根
寿司
ひらめ
揚物
海老揚真丈
小鉢
春野菜焚合せ
汁
赤だし
生ホタル 三葉
食事
稲庭うどん
デザート
平成十九年三月二十六日
割烹 小田島

Umi no sachi
no salad

REZEPT 06

MEERES FRÜCHTE SALAT

- 100 g Hering, gekocht
- 100 g Oktopus, gekocht (siehe Seite 140)
- 100 g Garnelen, gekocht
- 4 Jakobsmuscheln

- 150 g Renkon, Lotuswurzel (hier kann auch glasig gedünsteter Rettich verwendet werden)

- 200 g kleine Tomaten, Kirschtomaten, möglichst reif
- wenig Mitsuba (japanische Petersilie, zu ersetzen mit glatter Petersilie)
- 50 g Frühlingskohl (Federkohl ist ein wunderbarer Ersatz)
- etwas Butter
- 50 ml Reisessig
- 1 TL Zucker

Wie die meisten japanischen Gerichte besticht auch dieses durch die Saisonalität seiner Produkte. Richten Sie sich beim Kochen nur danach. Auch die Meeresfrüchte ersetzen Sie ganz nach Belieben und nach ihrer Erhältlichkeit. Die Jakobsmuscheln sollten jedoch nicht fehlen, sie geben diesem Gericht seine weiche Anmut. Minoru Odajima verwendet für dieses Gericht nur Tomaten aus einem Anbaugebiet in der Nähe des Fuji. Sie gelten als besonders süß. Uns bleibt dies verwehrt, wir verwenden einfach die reifsten Tomaten, die wir finden.

Die kleinen Tomaten blanchieren Sie kurz in kochendem Wasser, um sie dann sofort in Eiswasser abzuschrecken und zu häuten. Dann halbieren Sie sie und schwitzen sie kurz in einer Pfanne mit ein wenig Butter an. Geben Sie ein wenig Mitsuba oder eben ganz normale glatte Petersilie dazu, salzen und pfeffern Sie das Ganze und löschen es mit ein wenig Reisessig ab. Geben Sie den geschnittenen Frühlingskohl oder Federkohl und den Teelöffel Zucker dazu und lassen Sie das Ganze noch ein wenig ziehen. Danach alles abkühlen lassen. Die Lotuswurzel oder den Rettich schneiden Sie in fünf Millimeter dicke Scheiben und dünsten diese im Wasser glasig. Danach gießen Sie das Wasser ab, schneiden die Scheiben in Streifen und stellen sie beiseite. Nun braten Sie die leicht gesalzenen Jakobsmuscheln in einer Pfanne mit ein wenig Butter ganz vorsichtig von beiden Seiten an. Dies dauert pro Seite knapp zwei Minuten. Sie sollten innen noch ein wenig glasig sein. Richten Sie sie mit den anderen, in mundgerechte Stücke geschnittenen Meeresfrüchten, der Lotuswurzel und der Tomatensauce in kleinen Glasschalen an.

Dazu serviert Minoru Odajima einen Champagner oder einen Crémant d'Alsace.
Auch ein Prosecco mit nur wenig Restsüsse passt hervorragend.

FRÜHLINGS GEMÜSE MIT YUZU

REZEPT 07

Bambussprossen
(oder frische Artischockenherzen)
Huflattich
(oder Frühlingsmangold)
Kabocha, japanischer Kürbis
Nanohana, Raps, Stamm und Blätter
(oder junger Pak Choi)
1 Yuzu, Saft und ein wenig Schale
(oder ½ Zitrone und 1 Limette)
250 ml Dashi
2 EL Mirin
2 EL helle Sojasauce

Für die Zutaten zu diesem Gericht muss man auf den Markt. Suchen Sie diejenigen Gemüse aus, die gerade Saison haben. Fünf verschiedene Gemüse werden Sie zu jeder Jahreszeit finden. Achten Sie dabei auf eine harmonische Kombination von Farbe, Geschmack und Konsistenz. Das Originalrezept ist für Sie kaum nachzukochen. Lassen Sie sich von den Ersatzvorschlägen und dem Saisongemüse inspirieren.

Blanchieren Sie die Gemüse vorsichtig in leicht gesalzenem Wasser. Die Gemüse sollten unbedingt noch ein wenig Biss haben. Schrecken Sie die Gemüse im Eiswasser ab. So bleibt deren Farbe erhalten. Nun erhitzen Sie in einer Pfanne Dashi, Mirin und die Sojasauce. Legen Sie die Gemüse zum Erwärmen kurz zur Sauce und richten sie in einem tiefen Teller an, begießen Sie alles mit der Sauce und ein wenig Yuzu-Saft und dekorieren Sie das Ganze mit etwas Yuzu-Schale.

Dazu trinkt Minoru Odajima einen Grünen Veltliner oder einen weichen, trockenen Sake aus Niigata oder Toyama.

Yasai no takiawase

Foie
gras
Daikon

REZEPT 08

GÄNSELEBER AUF DAIKON

- zirka 10 cm Daikon (oder milder Rettich)
- 4 Stangen grüner Spargel
- 1 TL Sonnenblumenöl
- wenig Mehl
- 4 Scheiben frische Gänseleber
- wenig Fleur de Sel
- 200 ml Dashi
- 2 EL Sojasauce
- 2 EL Mirin

In Minoru Odajimas Restaurant ist dieses Gericht seit Jahren auf der Karte. Die Einfachheit der Rezeptur und die Kombination der Produkte und der Geschmacksnoten sind bezeichnend für seine Küche. Die Gänseleber stammt hier wie der Wein aus europäischem Import und wird mit dem japanischen Daikon kombiniert, einem sehr einfachen, aber äußerst beliebten und vielseitig einsetzbaren Gemüse. Das lange Garen gibt ihm in diesem Fall den milden Geschmack. Er kann wunderbar durch milden Rettich ersetzt werden. Um die Weihnachtszeit ist in gewissen Delikatessen-Geschäften die Ficatum-Gänseleber, eine Gänseleber von nicht gestopften Tieren, erhältlich. So ist auch dieses Gericht mit gutem Gewissen genießbar.

Schälen Sie den Daikon und schneiden Sie ihn in vier gleich große Scheiben. In reichlich Wasser wird er nun sanft glasig gekocht. Das dauert je nach Dicke und Qualität des Daikons zwischen 30 und 50 Minuten. Danach wird er kalt abgespült, er verliert so den bitteren Geschmack. Dashi, Sojasauce und Mirin werden nun vorsichtig aufgekocht, der Daikon dazugelegt und kurz weitergekocht. So nimmt er das Aroma der Sauce an. Schälen Sie den Spargel nur an den Enden und blanchieren Sie ihn in kochendem, leicht gesalzenem Wasser etwa 3 Minuten. Lassen Sie ihn nicht zu weich werden, er soll ruhig noch etwas Biss haben. Danach erhitzen Sie in einer Pfanne das Öl, bestäuben die Foie gras ganz leicht mit Mehl und braten sie bei mittlerer Hitze auf beiden Seiten vorsichtig goldbraun. Sie ist perfekt gegart, wenn sie auf Druck ganz sanft nachgibt. Legen Sie die Scheiben vom Daikon in einen Teller und darauf je eine Scheibe Foie gras. Bestreuen Sie sie mit etwas Fleur de Sel und geben etwas Sauce dazu. Garniert wird das Ganze mit dem grünen Spargel.

Dazu trinkt Minoru Odajima einen Sauternes.
Genauso gut harmonieren aber auch andere Süssweine.

POULET SPIESSCHEN

REZEPT 09

ERGIBT UNGEFÄHR 20 SPIESSE

400 g Fleisch vom Biohuhn, ohne Haut
20 Spieße, am besten Bambusspieße, in Wasser eingeweicht

TARE-SAUCE
3 EL Sake
5 EL Sojasauce
1 EL Mirin
1 EL Zucker

SERVIEREN MIT
Zitronenschnitz
Meersalz
Umeboshi, sauer eingelegte, pflaumenähnliche Frucht

Yakitori (japanisch „yaki“ für Gegrilltes oder Gebratenes und „tori“ für Huhn) ist die japanische Version von Sish Kebab oder den südostasiatischen Satay-Spießchen. Oft findet man in der Nähe von Bahnhöfen die kleinen Lokale, in denen Yakitori serviert wird, erkennbar an den roten Laternen beim Eingang. Hier treffen sich Angestellte der nahen Firmen vor der Heimfahrt auf einen kleinen Imbiss und ein paar Bier. Minoru Odajima serviert die Pouletspießchen nur mit etwas Meersalz bestreut, meist wird jedoch eine spezielle Sauce, die Tare-Sauce, zu deren Zubereitung verwendet. Hier beide Versionen.

Schneiden Sie das Huhn in quadratische Stücke (drei bis vier Zentimeter). Die Zutaten für die Tare-Sauce lassen Sie in einer Pfanne aufkochen und so lange ziehen, bis sich der Zucker vollständig aufgelöst hat. Die eingeweichten Spieße werden nun dicht aneinander mit fünf bis sechs Pouletstückchen besteckt. Bei starker Hitze auf dem Grill – original wäre natürlich über Holzkohle – werden die Spieße nun im Backofen bei 200 Grad auf einem Rost oder in der Grillpfanne zirka drei Minuten gegrillt. Danach wenden und weitere zwei Minuten grillen, bis beide Seiten schön gebräunt sind. Odajima serviert diese nun, bestreut mit ein wenig Meersalz, mit Umeboshi und der Zitrone. Oder Sie tauchen die Spieße nun in die Sauce und grillen diese kurz weiter. Die Sauce trocknet so wunderbar an. Eventuell diesen Vorgang kurz wiederholen und servieren.

Minoru Odajima trinkt dazu am liebsten den Wein, den ihm sein Sohn vor mehr als 20 Jahren zu seinem 41. Geburtstag geschenkt hat: einen Beaujolais Village. Oder ausnahmsweise ein Glas Bier.

Yakitori

Maguro
no
Sashimi

REZEPT 10

THUNFISCH SASHIMI

- 150 g Thunfisch roh, möglichst vom Fettteil beim Bauch
- 20 g Hijiki (Trockengewicht)
- 20 g Wakame (Trockengewicht)
- 8 Okras
- 200 ml Dashi
- Wasabi
- Sojasauce

Sashimi, das Carpaccio Japans, steht für in dünne Scheiben geschnittene Meerestiere und in diesem Fall für das Fleisch des Thunfisches. Gilt für uns das Tiefrot des Thunfisches für dessen aussergewöhnliche Qualität und Frische, wird in Japan das hellrote, von feinsten Fettspuren durchzogene Fleisch des Bauchteils, Toro genannt, am höchsten gehandelt. Es ist unendlich zart, geschmacksintensiv und bei uns fast nicht erhältlich. Sollten Sie keinen Beitrag zur Überfischung der Meere leisten wollen, greifen Sie auf Süßwasserfische wie den Saibling zurück. Bei allen Fischen gilt es, den frischesten zu verwenden. Sie sollten den Händler immer darauf hinweisen, dass Sie den Fisch für Sashimi brauchen.

Befreien Sie die Okras vom Stielansatz und blanchieren Sie sie eineinhalb Minuten in Salzwasser, dem sie einen Schuss Essig beifügen. Im Eiswasser abgeschreckt, behalten sie ihre wunderbare Farbe. Die Hijiki wird in einer Pfanne mit dem Dashi erhitzt und zwanzig Minuten leise gekocht, bis sie weich geworden ist. Die Wakame zehn Minuten einlegen und in Stücke schneiden, das Mittelteil der Alge lassen Sie jeweils weg. Richten Sie die Algen mit dem dünn geschnittenen Thunfisch in einer Schale an und garnieren Sie sie mit den Okras und dem Wasabi. Servieren Sie separat vier Schalen mit Sojasauce, in der jeder Gast seine individuelle Menge Wasabi auflösen kann.

Dazu serviert Minoru Odajima einen Pinot Noir aus Oregon, der Westküste der USA. Es darf aber auch ein europäischer sein.

AZABU
TOWERS

SAKURA

KIRSCHBLÜTE

Die Hysterie beginnt im März. Täglich berichten die meteorologischen Anstalten aufgeregt über das Vorankommen der Blütenfront. „Sakura zensen" heißt die Animation der TV-Meteorologen, sie sagt voraus, was sich wenig später in der Natur abspielt, die Blüte der Kirschbäume, die „Sakura". Gebannt verfolgen die Japaner, wie sich die Blütenfront auf den Monitoren langsam vom Süden in den Norden bewegt. So wissen sie sozusagen auf die Minute genau, wann in ihrem Heimatort die erste Blüte zu sehen sein wird, sollte nicht ein unvorhergesehener Kälteeinbruch das Ereignis verzögern. Wenn es aber so weit ist, betten die Blüten das ganze Land in ein unwirkliches Zartrosa und setzen für kurze Zeit den sonst so geordneten japanischen Alltag außer Kraft. Es beginnt „Hanami", das Blütengucken.

Die Kirschblüte steht in Japan seit jeher für Zartheit und Reinheit, aber auch für die Vergänglichkeit aller Schönheit und allen Lebens. Die Kamikaze-Piloten des Zweiten Weltkrieges schmückten ihre Maschinen oft mit Kirschblüten, bevor sie in den Tod flogen. Zur Zeit der Blüte trifft man sich unter den Bäumen mit Freunden oder der Familie. Im Ueno Park in Tokio versammeln sich aber auch ganze Bürobelegschaften und feiern die Kirschblüte mit reichlich Alkohol. Die Neulinge der Firma werden früh nachmittags losgeschickt, um unter den schönsten Bäumen mit blauen Plastikplanen die besten Plätze zu reservieren. Die Reviere werden abgesteckt, und die Vorhut wartet auf die Vorgesetzten. Auf der Plastikunterlage endet, nachdem man sich selbstverständlich die Schuhe ausgezogen hat, auf dramatische Art nicht zuletzt die sprichwörtliche japanische Zurückhaltung. Die Lunchboxen werden ausgepackt, die Kirschblüte mit viel Sake und Bier bis in die späte Nacht laut und ausgiebig gefeiert. Lachend liegen sich für einmal auch die Japaner in den Armen – unter den Bäumen, die vor allem in der Nacht, mit Spots beleuchtet, ihre unwirkliche Schönheit offenbaren.

Der Spuk dauert wenige Tage. Ein kurzer Regen oder ein kräftiger Windstoss, und die Blütenpracht verabschiedet sich. Viele meinen, gerade in diesem Moment ihres Todes, wenn die tränenförmigen Blütenblätter zu Boden segeln, seien die Kirschblüten am schönsten.

Die Kirschen in den japanischen Supermärkten werden übrigens meist aus Kalifornien importiert. Die japanische Yoshino-Kirsche trägt keine Früchte. Sie lebt einzig für die wenigen Tage im Jahr, da sie blüht. Länger wäre ihre Schönheit auch nicht zu ertragen. Vom Menschen, und schon gar nicht von der japanischen Ökonomie.

Die Sakura-Simulationen findet man online:
http://www.jma.go.jp/jma/en/Tourists/indexe_tourists.html
http://weathernews.jp/sakura/simulator

Kirschblüte im
Ueno Park in Tokio

Ganze Bürobelegschaften
treffen sich im Ueno Park in Tokio
unter den Kirschbäumen.

Bis weit in die Nacht hinein und mit viel
Sake und Bier wird die Kirschblüte gefeiert.
Ausgiebig und laut.

Sakura
Mochi

REZEPT 11

REISCREPE IM KIRSCHBLATT

ERGIBT ZIRKA 10 STÜCK

ANKO (BOHNENFÜLLUNG)
- 125 g Azuki-Bohnen
- 200 g Zucker
- ½ TL Salz

CREPE
- 1 EL Shiratamako (japanische Reisstärke)
- 200 ml heißes Wasser
- 1 EL Puderzucker
- wenig rote Lebensmittelfarbe
- 75 g Weißmehl
- 10 in Salz eingelegte Kirschblätter (falls erhältlich)
- 10 in Salz eingelegte Kirschblüten (falls erhältlich)

Sakura Mochi ist eine dünne, mit roter Bohnenpaste gefüllte Reiscrêpe und wird üblicherweise in ein Kirschblatt eingewickelt. Gegessen wird Sakura Mochi während der Kirschblüte oder auch im Speziellen zu Hina Matsuri, dem „Fest der ehrenhaften Mädchen“, bei dem das Glück und Wohlergehen der unverheirateten Mädchen im Mittelpunkt der Gebete und Rituale stehen. Gefeiert wird dieses Fest am 3. März, und es ist Sitte, an diesem Tag einen Schrein aufzustellen, mit Miniaturpuppen in traditioneller Kleidung bei einer kaiserlichen Hochzeit. Die Puppen sollen durch ihre Anmut die bösen Geister von den unverheirateten Mädchen fernhalten. Eine Legende sagt, dass ein Mädchen, das vergisst, die Puppen vor der Nacht zum 4. März wegzuräumen, in jenem Jahr nicht heiraten wird … Sakura Mochi wird in jeder Region ein wenig anders zubereitet. Das folgende Rezept stammt aus Kanto, der Region rund um Tokio.

Die Azuki-Bohnen werden in einem Topf mit viel Wasser über Nacht eingelegt. Am nächsten Tag kochen Sie das Wasser auf, reduzieren die Hitze und lassen die Bohnen zehn Minuten simmern. Danach wird das Wasser abgeschüttet, die Bohnen kommen zurück in den Topf, und es wird erneut Wasser zugefügt. In diesem Wasser werden die Bohnen ungefähr eineinhalb Stunden, oder bis sie weich sind, sanft weitergeköchelt. Das Wasser wird erneut abgeschüttet. Zucker und Salz werden beigefügt, gut umgerührt, das Ganze wird eingekocht. Dann nehmen Sie die Masse vom Herd, pürieren sie sehr fein und lassen sie auskühlen. Formen Sie daraus etwa zehn golfballgroße Kugeln, die Sie beiseite legen.

Waschen Sie die Kirschblätter und -blüten gut und tupfen diese mit Küchenpapier trocken. Die Reisstärke wird in einer Schüssel mit dem Wasser gut verrührt, dazu kommt ein wenig rote Lebensmittelfarbe – so viel, bis die Flüssigkeit dunkelrosa ist. Dann fügen Sie den Puderzucker bei und verrühren das Ganze gut. Das Mehl wird in eine andere Schüssel gesiebt und die rote Flüssigkeit untergerührt. Pinseln Sie eine kleine Bratpfanne mit ein wenig Butter aus, und backen Sie den Teig bei mittlerer Hitze zu dünnen, ovalen Crêpes. Wenden Sie die Crêpes so früh wie möglich und braten Sie die zweite Seite nur sehr kurz. Nach jeder Crêpe wird die Pfanne frisch mit Butter bepinselt. Die abgekühlte Bohnenmasse wickeln Sie in die Crêpes ein und diese, falls vorhanden, in die Kirschblätter. Dekorieren Sie sie mit einer Kirschblüte.

MIKUNI
Hôtel de Mikuni
1-18 Wakaba
Shinjuku-ku
Tokio 16A0-0011
Tel. +81 (0)3 33 51 38 10
www.oui-mikuni.co.jp

KIYOMI MIKUNI TOKIO

Kiyomi Mikuni wird 1954 als dritter von sieben Söhnen eines Fischers und einer Feldarbeiterin in Mashike im Norden Japans geboren. Die frischen Gemüse und der Fisch, die seine Eltern nach Hause bringen, scheinen Mikuni schon früh kulinarisch zu prägen. Ohne zu zögern gibt er zu, schon mit sechzehn Jahren gewusst zu haben, dass er dereinst einer der größten Küchenchefs der Welt werden würde. Mit unnachgiebiger Konsequenz verfolgt er dieses Ziel. Eine erste Anstellung im Sapporo Grand Hotel und ein Empfehlungsschreiben des dortigen Chefkochs bringen ihn ins Imperial Hotel in Tokio, wo er sich die nächsten zwei Jahre mit dem Schrubben von Töpfen und Pfannen beschäftigt. Mit erst 20 Jahren tritt er in den diplomatischen Dienst ein, wird Koch des japanischen Botschafters in Genf und kommt so seinem Ziel einen entscheidenden, nun auch geografischen Schritt näher. Seine freien Tage verbringt er bei Fredy Girardet in Crissier. Dort beginnt er vier Jahre später als Koch zu arbeiten und bleibt zwei Jahre. Danach kocht er bei den großen französischen Küchenchefs dieser Zeit, bei Troisgros, bei Haeberlin, Outhier und Alain Chapel. 1985 kehrt er nach Japan zurück, wo er sein Hotel de Mikuni eröffnet. Er gilt als Meister der französischen Küche, bleibt aber doch geprägt von japanischen Lebensmitteln. Er ist einer der höchst dekorierten Küchenchefs in Japan.

Neben der Arbeit in seinen unzähligen Restaurants steckt Kiyomi Mikuni seine Energie in die Ernährungsschulung japanischer Kinder und in eine Informationskampagne über den fünften Geschmackssinn, den „Umami".

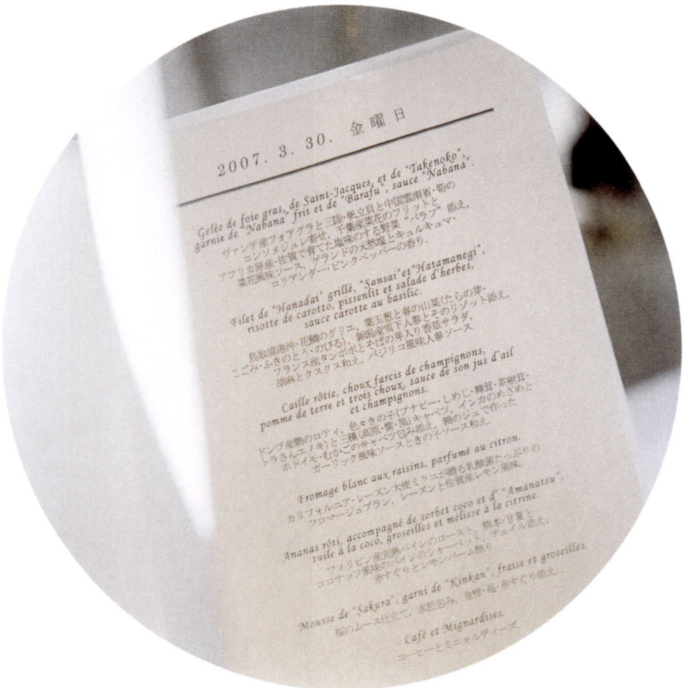

KALTE ERBSENSUPPE

REZEPT 12

ERBSENPÜREE
300 g Erbsen, frisch oder tiefgekühlt
500 ml Geflügelbouillon
Salz, Pfeffer aus der Mühle
1 Prise Zucker

ERBSENGELEE MIT MUSCHELN UND GAMBAS
200 ml Erbsenfond (vom Erbsenpüree)
50 g Süsskartoffelwürfel
5 kleine Jakobsmuscheln ohne Rogen
10 Miesmuscheln
4 Riesencrevetten, geschält und ohne Darm,
alles in kleine Würfel geschnitten
3 Blatt Gelatine, in kaltem Wasser eingeweicht
Salz und Pfeffer aus der Mühle

ERBSENSCHAUM
200 ml Erbsenfond (vom Erbsenpüree)
1 Messerspitze Currypulver
1 Messerspitze Kümmelpulver
Salz
1 Prise Zucker
1 Blatt Gelatine, in kaltem Wasser eingeweicht

Kerbel, Minze oder Eiskraut als Garnitur

Für das Erbsenpüree kochen Sie die Erbsen im gewürzten Geflügelfond weich und schrecken sie sofort im Eiswasser ab, damit die grüne Farbe erhalten bleibt. Die Flüssigkeit gießen Sie durch ein Sieb und verwenden sie für den Erbsenschaum und den Gelee weiter. Die Hälfte der Erbsen legen Sie für den Gelee beiseite. Die andere Hälfte pürieren Sie in einer Moulinette oder mit dem Mixer ganz fein, streichen die Masse durch ein Sieb und schmecken sie mit Salz und Pfeffer ab.

Für den Gelee erhitzen Sie 200 ml vom aufgefangenen Erbsenfond und kochen die Süßkartoffelwürfel darin weich. Danach nehmen Sie sie aus dem Fond und lassen sie auskühlen. Nun geben Sie die Muschel- und die Riesencrevettenwürfel in den Fond und garen sie sanft, die Jakobsmuscheln und die Gambas müssen noch leicht glasig sein. Die Meeresfrüchte dann aus dem Fond nehmen und auskühlen lassen. Die Gelatine lösen Sie danach im warmen Erbsenfond auf, geben alle gegarten Zutaten und die zweite Hälfte der Erbsen bei, schmecken alles noch mit Salz und Pfeffer ab und füllen es in geeignete Förmchen. Dann im Kühlschrank während mindestens zwei Stunden fest werden lassen.

Für den Erbsenschaum kochen Sie alle Zutaten ohne die Gelatine auf. Diese zum Schluss im Fond auflösen und alles gut abschmecken. Füllen Sie die Flüssigkeit in einen Kisagbläser oder eine Espumaflasche. Den Bläser kalt stellen.

Verteilen Sie das Erbsenpüree in Tassen. Die Förmchen mit dem Erbsengelee werden kurz in heißes Wasser getaucht, vorsichtig gestürzt und auf dem Erbsenpüree angerichtet. Den Bläser mit dem Erbsenschaum schütteln Sie gut, dann spritzen Sie den Schaum in einen Glacelöffel. Setzen Sie die Kugel vorsichtig auf den Gelee und garnieren alles mit einem passenden Kraut (wie zum Beispiel Kerbel oder Minze). Kiyomi Mikuni garniert dieses Gericht mit dem ursprünglich südafrikanischen, schwer zu findenden Eiskraut (oder Cordifole).

Potage
de petits pois
froid

Sakura Masu grillé,
Risotto de Sakura

REZEPT 13

GRILLIERTER LACHS AUF KIRSCHBLÜTENRISOTTO UND KLEINEM KRÄUTERSALAT

400 g frische Lachsfilets, ohne Haut und Gräten
4 EL Avocadoöl
Meersalz und Pfeffer aus der Mühle

RISOTTO
1 EL Butter
1 Schalotte, fein geschnitten
200 g Risottoreis
50 ml Weißwein oder Sake
400 ml Geflügelfond
1 Pak Choi
4 grüne Spargeln, geschält
2 EL kalte Butter
Salz und Pfeffer aus der Mühle
1 EL Parmesan, gerieben

KRÄUTERSALAT
50 g Salat und/oder Kräuter mit essbaren Blüten
1 EL Avocadoöl
1 TL Aceto Balsamico
Fleur de Sel

1 TL rosa Pfefferkörner
eingelegte Kirschblüten zur Dekoration
Kirschenpüree

Für dieses Gericht verwendet Kiyomi Mikuni eine spezielle Forellenart, den Sakura Masu (siehe auch Seite 210). Sie können aber ohne weiteres gewöhnlichen Lachs nehmen. Das Lachsfilet schneiden Sie in vier Tranchen, würzen es mit Salz und Pfeffer und bepinseln es vorsichtig mit dem Avocadoöl. Grillieren Sie es in einer sehr heissen Grillpfanne, um den Filets eine schöne Zeichnung zu geben, dann stellen Sie es warm.

Für das Risotto dünsten Sie die fein geschnittenen Schalotten in der Butter an. Dann den Reis beigeben, glasig dünsten und das Ganze mit dem Weißwein oder dem Sake ablöschen. Geben Sie nach und nach unter ständigem Rühren etwas heiße Geflügelbrühe bei. Die Spargeln und den Pak Choi in nicht zu feine Streifen schneiden und zum Risotto geben. Nach zirka 18 Minuten ist der Risotto fertig. Abschmecken, kalte Butterwürfel einrühren und mit dem Reibkäse verfeinern.

Den Salat kurz waschen und trocken tupfen.
Die Zutaten für das Dressing mischen und zum Salat geben.

Dem Risotto geben Sie im letzten Moment einen Esslöffel Kirschenpüree bei, das gibt ihm eine sehr schöne rosarote Farbe. Servieren Sie den Risotto auf vorgewärmten Tellern und bestreuen Sie ihn mit ein paar rosa Pfefferkörnern. Geben Sie den grillierten Fisch dazu und setzen Sie den Kräutersalat im letzten Moment vor dem Servieren auf den Fisch. In guten japanischen Lebensmittelläden gibt es kleine rosafarbene, in Salz eingelegte Kirschblüten. Diese werden kurz abgespült, getrocknet, frittiert und zur Dekoration auf das Gericht gegeben.

SCHWEINE KOTELETT MIT SCHWARZEN OLIVEN

REZEPT 14

- 4 Schweinekoteletts à 150 g
- Salz und Pfeffer aus der Mühle
- 1 EL Bratöl
- 1 Eiweiß
- 3 EL gehackte schwarze Oliven
- 1 EL gehackte Petersilie
- 3 EL gehackte Pinienkerne
- 2 EL Paniermehl

PILZRAGOUT

- 1 EL Butter
- 1 Schalotte, fein geschnitten
- 200 g Pilze (Champignons, Enoki, Shiitake, Shimeji, Maitake usw.)
- 100 ml Rahm
- Salz und Pfeffer aus der Mühle

OLIVENNUDELN

- 200 g Bandnudeln
- 2 EL schwarze Oliven, fein gehackt
- 1 EL Olivenöl

TRÜFFELSAUCE

- 100 ml Kalbs- oder Geflügelglace
- 100 ml roter Portwein
- 50 g Perigord-Trüffel, geputzt und fein gehackt

- 2 EL Schnittlauch, gehackt
- 1 EL Pistazien, gehackt

Kiyomi Mikuni verwendet für dieses Gericht ausschließlich ein ganz spezielles Schweinefleisch aus Hiroshima. Verwenden Sie das Fleisch der glücklichsten Schweinchen, die Sie finden können. Die Schweinekoteletts würzen Sie mit Salz und Pfeffer. Dann erhitzen Sie in einer Pfanne das Öl und braten das Fleisch von beiden Seiten an. Legen Sie die Koteletts in eine Gratinform und bestreichen Sie sie mit dem leicht geschlagenen Eiweiß. Die restlichen Zutaten mischen, auf die Koteletts verteilen und das Fleisch im Ofen bei sehr starker Oberhitze goldbraun gratinieren.

Für das Pilzragout erhitzen Sie in einer Pfanne die Butter und dünsten die Schalotte glasig. Geben Sie die in Stücke geschnittenen Pilze dazu und lassen Sie sie leicht mitdünsten. Zum Schluss geben Sie den Rahm dazu und lassen alles leicht einköcheln.

Für die Trüffelsauce kochen Sie alle Zutaten in einem Topf auf. Lassen Sie sie zu einer leicht gebundenen Sauce einreduzieren. Mit Salz und Pfeffer abschmecken.

Die Nudeln kochen Sie im Salzwasser al dente und vermischen sie gut mit dem Olivenöl und den Oliven.

Servieren Sie die Pilze auf vorgewärmten Tellern und setzen Sie die Nudeln darauf. Das Fleisch legen Sie auf die Nudeln und umgießen alles mit der Trüffelsauce. Mit etwas Schnittlauch und den gehackten Pistazien garnieren.

Côte de porc rôtie
à l'olive noir

Fromage blanc
aux Aronia parfumé
à la violette

REZEPT 15

FROMAGE BLANC MIT ARONIA MIT VEILCHEN PARFÜMIERT

1 Eiweiß
50 g Puderzucker
40 g Veilchenblüten

4 EL Aroniagelee
200 g Fromage blanc oder Blanc battu
1 EL Zitronensaft
1 TL Zucker
4 EL Aroniagelee

Die Pflanze der Aronia- oder Apfelbeere stammt aus dem Osten der USA und wird immer häufiger auch bei uns kultiviert. Da Aroniabeeren nicht nur wie schwarze Johannisbeeren aussehen, sondern auch ähnlich schmecken, können Sie auch solche nehmen. Die Heidelbeere ist auch ein guter Ersatz.

Schlagen Sie das Eiweiß mit einer Gabel auf und tauchen Sie die Veilchenblüten mit einer Pinzette darin ein. Vorsichtig abtupfen und die Blüten in Puderzucker wenden. Das Eiweiß stellen Sie in den Kühlschrank, Sie brauchen es noch. Im Ofen bei 50 Grad und leicht geöffneter Backofentüre lassen Sie die Veilchenblüten auf einem mit Backpapier ausgelegten Rost trocknen. Wenden Sie die Blüten von Zeit zu Zeit. So erhalten Sie kandierte Veilchenblüten. Diese werden nun gehackt. Tauchen Sie die Schälchenränder im Eiweiss und danach in die Veilchenblüten.

Füllen Sie die Hälfte des Aroniagelees in die Schälchen. Dann den Fromage blanc oder Blanc battu mit Zucker und Zitronensaft verrühren, auf dem Gelee verteilen und glatt streichen, kühl stellen. Zum Schluss streichen Sie den restlichen Aroniagelee auf den Fromage blanc oder Blanc battu und garnieren das Dessert mit einer Beere. Stellen Sie die Schälchen vor dem Servieren noch einmal kühl.

CREME BRULEE VON DER PASSIONSFRUCHT MIT IHREM SORBET

REZEPT 16

PASSIONSFRUCHTSORBET
- 50 ml Wasser
- 50 g Zucker
- 100 ml Passionsfruchtsaft
- 100 ml Mineralwasser

CREME BRULEE VON DER PASSIONSFRUCHT
- 6 Eigelb
- 50 ml Passionsfruchtsaft
- ½ Vanillestängel, nur das Mark
- 70 g Zucker
- 150 ml Milch
- 200 ml Doppelrahm
- 50 g Rohrzucker

SCHAUM
- 100 ml Zuckersirup
- 50 ml Passionsfruchtsaft
- 1 EL gehackte Zitronenmelisse
- 2 EL Walderdbeeren
- 1 Blatt Gelatine, in kaltem Wasser eingeweicht

GARNITUR
- 100 g Walderdbeeren
- 2 Passionsfrüchte, nur das Mark
- Zitronenmelisseblätter

Erhitzen Sie für das Passionsfruchtsorbet in einem Topf das Wasser und den Zucker und lassen Sie dies 10 Minuten köcheln. Den erkalteten Zuckersirup mischen Sie mit dem Passionsfruchtsaft und dem Mineralwasser und lassen alles in der Eismaschine oder im Tiefkühlfach unter gelegentlichem gutem Umrühren gefrieren.

Für die Crème brûlée mixen Sie alle Zutaten gut und passieren alles durch ein Sieb. Dann legen Sie eine Gratinschale mit Klarsichtfolie aus und gießen die Masse 1 cm hoch ein. Lassen Sie diese im Ofen in einem Wasserbad bei 125 Grad stocken. Gut auskühlen lassen. Dann stechen Sie vorsichtig Portionen in der gewünschten Grösse aus und setzen sie auf passende Teller. Bestreuen Sie die Crème brûlée mit dem Rohrzucker und flämmen ihn mit einem Bunsenbrenner ab.

Für den Schaum kochen Sie alle Zutaten ohne die Gelatine auf. Diese zum Schluss im Fond auflösen und alles gut mixen. Die Mischung füllen Sie nun in einen Kisagbläser oder in eine Espumaflasche. Den Bläser kalt stellen.

Auf die Crème brûlée setzen Sie eine Kugel Sorbet und den Schaum auf das Sorbet. Vor dem Servieren garnieren Sie das Dessert mit Walderdbeeren, Passionsfruchtmark und den Zitronenmelisseblättern.

Crème brûlée aux fruits de la passion et son sorbet

Kiyomi Mikuni mit seinen
großen französischen Vorbildern
Pierre und Michel Troisgros

近海
本まぐろ
築地
すし一番
時間営業すぐヨコ
HOME
New Album 3.14
人情味溢れる築地で上手
築地場外市場商店街振
無線 3008

TSUKIJI

TSUKIJI FISCHMARKT TOKIO

Riesige Eisklötze werden auf Holzwagen zu den Händlern gekarrt.

Wer einem rüden Japaner begegnen will, muss den Tsukiji-Fischmarkt in Tokio besuchen. So heißt es, und tatsächlich ist der Umgang hier früh am Morgen kein zimperlicher. Im Gewühl der bis zu 50 000 Beschäftigten wird – ganz unjapanisch – gestoßen und gerempelt. Gefahr geht von den Hunderten von dreirädrigen Transportwägelchen aus, die mit heulendem Gasantrieb und in mörderischem Tempo durch die engen Gassen des Markts rasen.

Der Tsukiji gilt als der größte Fischmarkt der Welt. Über 400 Arten von Fisch und Meeresfrüchten, von der Sardine bis zum 300 Kilo schweren Thunfisch, werden hier gehandelt. 2000 Tonnen pro Tag, 700 000 Tonnen im Jahr, mit einem Warenwert von rund sieben Milliarden Schweizer Franken. Der New Yorker Koch und Autor Anthony Bourdain beschreibt den Markt als den „Tadsch Mahal, das Kolosseum, die Grosse Pyramide der Meeresfrüchte". Am eindrücklichsten und in dieser Form einzigartig ist die Auktion der Thunfische. Noch in der Nacht werden im Südosten Tokios die Kolosse angeliefert. Die Hallen füllen sich mit Hunderten von Tunatorsi. Den Fischen wird mit roter Farbe eine Nummer, der Fangort und das Gewicht auf den Körper geschrieben. Händler oder deren Mittelmänner schreiten in Gummistiefeln die Reihen ab. Mit Taschenlampen leuchten sie durch den Kältedunst auf die angeschnittenen Schwanzflossen und entnehmen winzige Teilchen vom Fleisch. Zwischen Daumen und Zeigefinger zerreiben sie es und prüfen so die Qualität.

Leiser Geruch von Meer durchströmt die Hallen, nach Fisch riecht es aber nirgends, zu frisch ist die Ware. Dann, um 5.20 Uhr und außer sonntags fast jeden Morgen, beginnt die Auktion. Mit schriller Stimme schreien die Auktionatoren die Gebote, beantwortet durch diskrete Handzeichen der Bieter. So wechseln im Minutentakt die Fische ihre Besitzer. So schnell und unauffällig, dass man sich kaum zu bewegen wagt. Zu groß ist die Angst des Besuchers, mit einem Thunfisch den Heimweg antreten zu müssen.

氷販㐧二売場

85
油津

Den Fischen wird der Fangort
und das Gewicht auf
den Körper geschrieben.

ニュージー
ランド

川正
マルヒロ
25

SUSHIKO

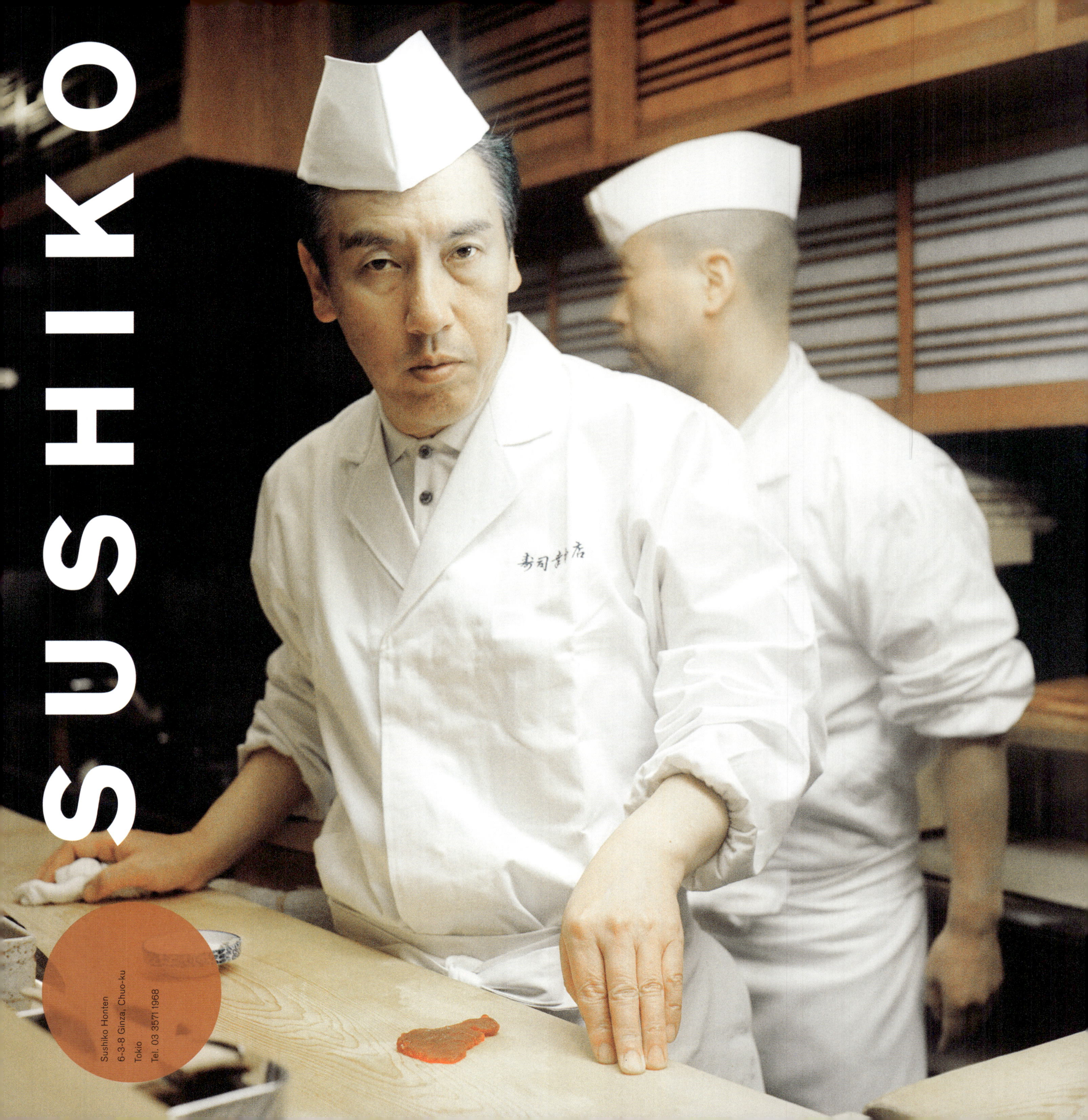

Sushiko Honten
6-3-8 Ginza, Chuo-ku
Tokio
Tel. 03 3571 1968

MAMORU SUGIYAMA TOKIO

In einer Seitenstraße von Ginza, Tokios Quartier fürs gehobene Shopping, findet man Mamoru Sugiyamas Restaurant Sushiko. Sein Sushi-Lokal ist eines der ganz wenigen in Tokio, die einen Michelin-Stern an den Eingang kleben könnten. Könnten. Denn Tokios Köche haben die erstmalige Adelung eines der Ihren durch die französische Gastrokritik mit Verwunderung und einer gewissen Gleichgültigkeit aufgenommen. 2008 war das. Da gab es in Japan, wie geschätzt wird, 190 000 Restaurants. Wie sollen da die Gaijins, wie Westler in Japan bezeichnet werden, in der Lage sein, die 150 besten ausfindig zu machen und zu küren? Also sucht man auch am Eingang des „Sushiko" vergeblich nach der Plakette, für die europäische Köche ihr letztes Kochhemd geben würden. Wichtiger ist in Japan, dass man in der Gilde den einen oder anderen prominenten Fürsprecher hat, und dass das Publikum die Küche lobt.

Wenn zum Beispiel dieses Publikum sagt, ein Sushichef sei besonders erfahren, ist dies eines der größten Komplimente. Nichts zählt hier mehr als Erfahrung. Und Mamoru Sugiyama hat sie. Er wurde 1953 als Sohn eines Sushichefs in Tokio geboren. Und auch sein Vater war der Sohn eines Sushichefs. Mit anderen Worten, Mamoru Sugiyama ist der jüngste Spross einer eigentlichen Sushidynastie. Seine Familie führt das „Sushiko" seit 1886, und Sugiyamas Werdegang war somit mit dem Tag seiner Geburt vorgezeichnet. „Fleisch hat es bei uns ganz selten gegeben", erzählt er, „aber eines Tages, ich glaube ich war etwa fünf Jahre alt, kam ein Onkel auf Besuch. Er lebte damals auf dem Land und brachte uns ein großes Stück Fleisch mit. Es war wunderbar. Ich war wirklich sehr besorgt, dass ich nie, nie mehr in meinem Leben so etwas Köstliches essen könnte. Ich aß also so viel ich konnte. Ich aß einfach immer weiter. Niemand bemerkte, dass ich mich richtig vollstopfte. So lange, bis ich mich übergeben musste. Das ist meine wichtigste Erfahrung mit Fleisch: nie zu viel davon essen!"

Staunend verfolgen wir Sugiyamas geschmeidige Bewegungen und die seiner schönen Hände, während aus einem Häufchen Reis in zehn exakten, ritualisierten Schritten, aber dennoch in Sekundenschnelle, ein präzis geformtes Reisbällchen wird mit einem Stück Fisch obendrauf. 2009 begann im „Sushiko" übrigens die erste Frau ihre Ausbildung zur Sushichefin. Mamoru Sugiyama ist einer der ganz wenigen Sushichefs, die nicht der Meinung sind, dass Frauen die falsche Körpertemperatur haben, um der Zubereitung von Sushi gewachsen zu sein.

Aus einem Häufchen Reis formt Mamoru Sugiyama in zehn exakten, ritualisierten Schritten, aber dennoch in Sekundenschnelle, ein Reisbällchen mit einem Stück Fisch obendrauf. Michelin hat ihn für seine Arbeit mit einem Stern ausgezeichnet.

SUSHI

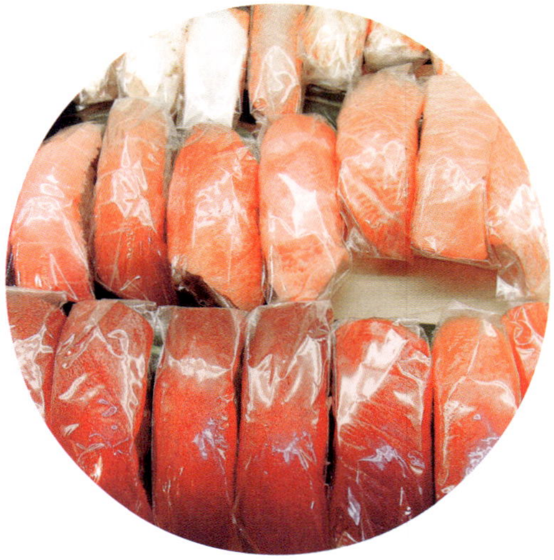

Die Ausbildung zum Sushichef ist eine lange. Jahrelang schaut der Kandidat dem Lehrmeister über die Schulter und schrubbt die Küche, bevor er endlich selber das Messer an den Fisch legen darf. Die Zubereitung von Sushi ist von Mythen umrankt – Mythen, die sorgsam gepflegt werden. Tonnenschwere Pforten muss öffnen, wer ins Zauberreich der Sushiküche vorstoßen will. Die Initiation soll nicht jeder schaffen. In der Realität sind zwei Dinge ausschlaggebend: der chirurgisch präzise Schnitt am Fisch und das formvollendete Reisbällchen. Ein richtiger Sushichef, heißt es, schafft es, dass beim Reisbällchen alle Körner in dieselbe Richtung blicken. Und das soll auch der Grund sein, warum Frauen aus der patriarchalen Welt der Sushiküche so gut wie ausgeschlossen bleiben: Die höhere Körpertemperatur, so die abenteuerliche Begründung, verhindere justament das perfekte Formen der Reisbällchen. Oder: Die Arbeit hinter der Shushitheke sei zu anstrengend für die Dame. Oder: Der Geruch ihres Schweißes sei nicht förderlich, um Sushi zu formen. Das behaupten sogar einige Japanerinnen.

Die folgende Anleitung dagegen ist für Männer wie für Frauen geeignet – selbst für solche ohne jahrelange Ausbildung.

Der Ursprung von Sushi war offenbar eine chinesische Konservierungsmethode: Frischer Fisch wurde in Fässern mit gekochtem Reis eingelegt – der Fisch fermentierte und war so für längere Zeit haltbar (den Reis warf man weg). In Japan wurde dann die Fermentierungszeit reduziert, wodurch der Reis zwar immer noch stark säuerlich war, aber essbar blieb. So wurden die Zutaten für das heutige Sushi festgelegt: Fisch und gesäuerter Reis.

Die Zubereitung von Sushi benötigt nur wenige Geräte: ein Topf, um den Reis zu kochen, und ein Behältnis, um ihn abzukühlen und mit dem Essig zu vermischen (in Japan wird dafür eine Holzschale verwendet). Sodann ein Koch- sowie ein scharfes Filetiermesser, dazu ein Küchenbrett und eine Bambus-Rollmatte, um die Maki Sushi zu rollen.

Aus Plastik, in Klarsichtfolie eingeschweißt und unendlich lange haltbar... Täuschend echt werden diese Attrappen vor vielen Restaurants zur Entscheidungshilfe für die Kunden in die Auslage gelegt.

ZUTATEN

Reis) Der für Sushi verwendete Reis ist bekannt unter dem Namen „japonica", seine Körner sind eher kurz, und er ist ziemlich klebrig – dies erleichtert die Zubereitung, vergrößert aber das Küchenchaos. Ein Küchentuch griffbereit zu haben, ist immer hilfreich. Wird der Reis vor dem Kochen nicht genügend gewaschen, wird er nach der Zubereitung noch klebriger – was das Formen der Sushis verunmöglichen kann.

Fisch) Eigentlich kann jeder Fisch für Sushi verwendet werden. Auch die meisten Süßwasserfische eignen sich. Das einzige Kriterium ist, dass der Fisch frisch ist. Sie sollten den Händler immer darauf hinweisen, dass Sie den Fisch für Sushi brauchen.

Wasabi) Frischer Wasabi ist fast nur in Japan erhältlich und außerordentlich teuer. Die Wurzel wird in Europa als Pulver oder als bereits angerührte Paste verkauft.

Reisessig) Für das Aromatisieren von Sushireis unabdingbar. Reisessig ist in den meisten Asia-Läden erhältlich.

Sojasauce) Japanische Sojasauce unterscheidet sich stark von chinesischer und ist für Sushi viel besser geeignet. Sushis werden auf keinen Fall in Sojasauce ertränkt. Sanftes Dippen reicht.

Mirin) Mirin ist ein süßlicher, weil nur teilvergorener Reiswein. Mirin wird ausschließlich zum Kochen verwendet und kann durch Puderzucker ersetzt werden.

Eingelegter Ingwer) Ebenfalls in den meisten Asia-Läden erhältlich, wird er wegen seiner antibakteriellen Eigenschaften traditionell zu Sushi gereicht.

Nori) Getrocknete und geröstete Alge, meist Rotalge. Nori wird nicht nur zum Rollen von Sushis, sondern auch als Einlage in Suppen oder zu Reis serviert.

Einlagen Maki Sushi) Meist werden für die Zubereitung von Maki Sushis neben Fisch auch verschiedene Gemüse verwendet. Karotte, Kürbis, fermentierte Sojabohnen oder Avocado und Gurken. Aber auch süßliche Omelette wird gerne eingesetzt.

SUSHI REIS

REZEPT 17

- 400g Sushireis
- 750ml Wasser
- 1 Stück Kombu
- 5 EL Reisessig
- 1 EL Mirin
- 3 EL Puderzucker
- 1 EL Salz

Der Reis wird gewaschen, bis das Waschwasser klar bleibt. Danach den Reis für eine Stunde abtropfen lassen, er kann so quellen. Das Stück Kombu mit einem feuchten Tuch abwischen und auf dem Reis mit dem Wasser in einem Kochtopf aufkochen. Sobald das Wasser kocht, Kombu entfernen, die Hitze reduzieren und 2 Minuten mit geschlossenem Deckel köcheln lassen. Die Hitze noch einmal reduzieren und für weitere 5 Minuten simmern lassen. Die Hitze aufs Minimum reduzieren und zirka 10 Minuten ziehen lassen, bis alle Feuchtigkeit absorbiert ist. Die Herdplatte abschalten, den Deckel mit einem Küchentuch einwickeln, auf den Topf setzen – und so den Reis für weitere 10 bis 15 Minuten ziehen lassen.

Währenddessen Reisessig, Mirin, Puderzucker und Salz in einem Topf vorsichtig erhitzen, bis sich unter stetem Rühren der Zucker und das Salz komplett aufgelöst haben. Die Mischung abkühlen lassen.

Den leicht abgekühlten Reis in eine Schale geben und die Essigmischung mit einem Holzlöffel sorgfältig unter den Reis heben, ohne diesen zu stark zu quetschen. In Japan wird der Reis nun mit einem Ventilator oder mit einer Zeitung wedelnd auf Raumtemperatur gekühlt. Man kann ihn aber auch in der Schale, zugedeckt mit einem feuchten Küchentuch, abkühlen lassen.

Su Meshi

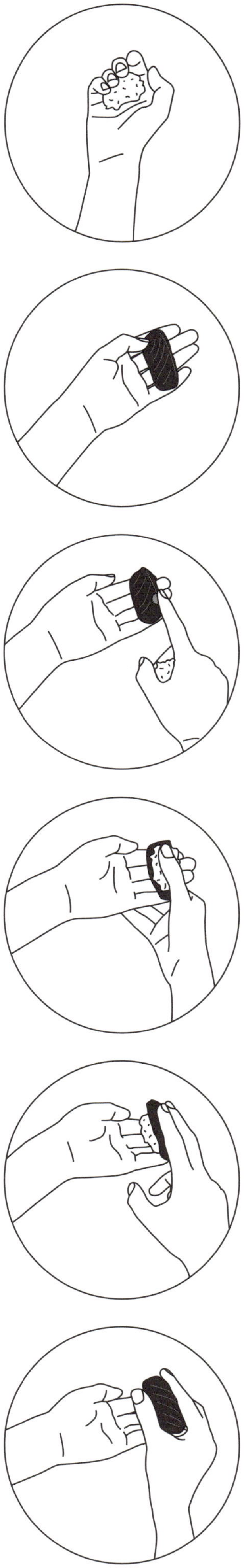

REZEPT 18

NIGIRI SUSHI

ZIRKA 36 NIGIRI SUSHI

2 TL Reisessig
6 EL Wasser
fertiger Sushireis, auf Raumtemperatur abgekühlt
(Menge wie zuvor beschrieben)
500 g roher, sehr frischer Fisch
Wasabi
Sojasauce
eingelegter Ingwer

Zuerst werden das Wasser und der Reisessig in einer kleinen Schale zu „tezu", zum Handessig verrührt. Er dient lediglich dazu, die Hände beim Formen der Reisbällchen anzufeuchten. Danach wird der Fisch mit einem scharfen Messer in Streifen geschnitten (etwa 7 × 3 cm groß und zirka ½ cm dick).

1) Die Hände mit dem Handessig anfeuchten. Mit der rechten Hand etwa eineinhalb Esslöffel Sushireis vorsichtig zu einem etwa 4 × 2 cm großen Reisbällchen formen. Dabei das Reisbällchen immer wieder in der Hand drehen, damit alle Flächen gleichmäßig angedrückt werden. Jedoch nur sanften Druck auf das Reisbällchen ausüben, der Reis sollte nicht zerquetscht werden. 2) Ein Stück Fisch auf die Fingerfläche der linken Hand legen. 3) Mit dem Zeigefinger der rechten Hand – das Reisbällchen befindet sich nach wie vor ebenfalls in der rechten Hand – wenig Wasabi auf das Stück Fisch streichen. 4) Das Reisbällchen auf den Fisch legen und vorsichtig mit dem Daumen der rechten Hand andrücken. 5) Sushi drehen, so dass der Fisch oben liegt. Mit dem Zeigefinger und dem Mittelfinger der rechten Hand den Fisch ans Reisbällchen drücken. 6) Mit dem Daumen und dem Zeigefinger der rechten Hand die Seiten des Sushis andrücken. Sushi in der Handfläche um 180 Grad drehen, Seiten und Oberfläche erneut andrücken.

Nigiri Sushis werden mit eingelegtem Ingwer und Sojasauce serviert. Die Nigiri Sushis werden nur leicht in Sojasauce gedippt, nicht ertränkt. Meist wird auch kein zusätzlicher Wasabi mit der Sojasauce gemischt.

Nigiri Zushi

MAKI SUSHI

REZEPT 19

ZIRKA 8 ROLLEN

- 2 TL Reisessig
- 6 EL Wasser
- fertiger Sushireis, auf Raumtemperatur abgekühlt (Menge wie zuvor beschrieben)
- 8 Blätter Nori-Algen
- Wasabi
- 400 g Füllung nach Wahl (Fisch, Krabben, Gurke, Karotte, Avocado usw.)
- wenig Reisessig als „Klebstoff"
- Sojasauce
- eingelegter Ingwer
- Bambus-Rollmatte

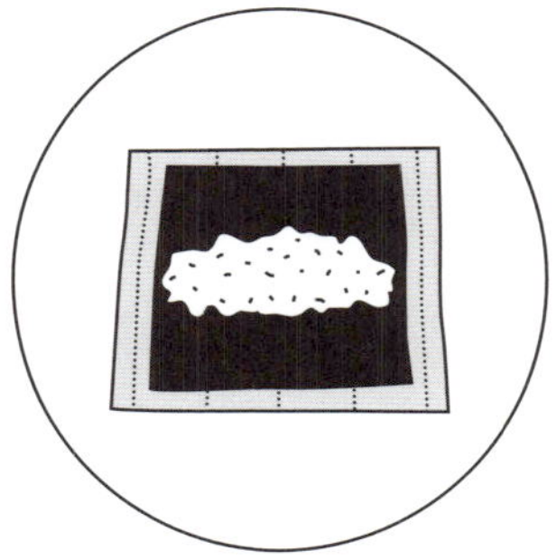

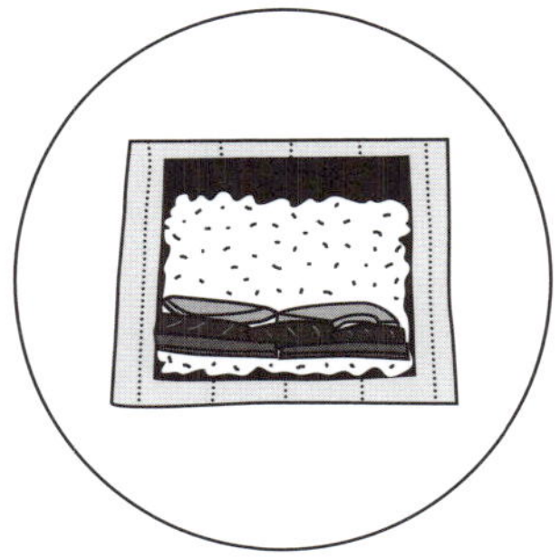

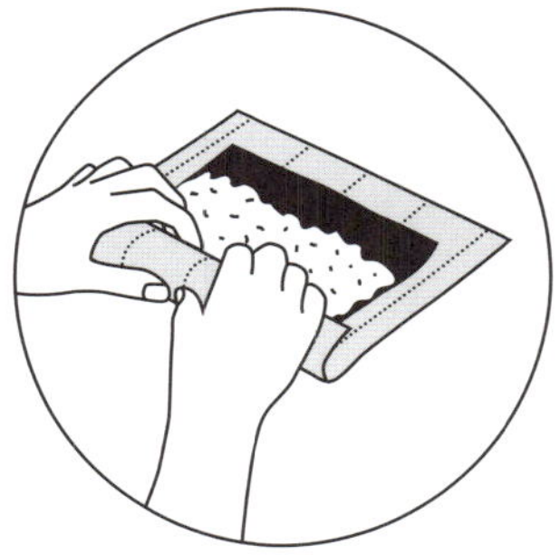

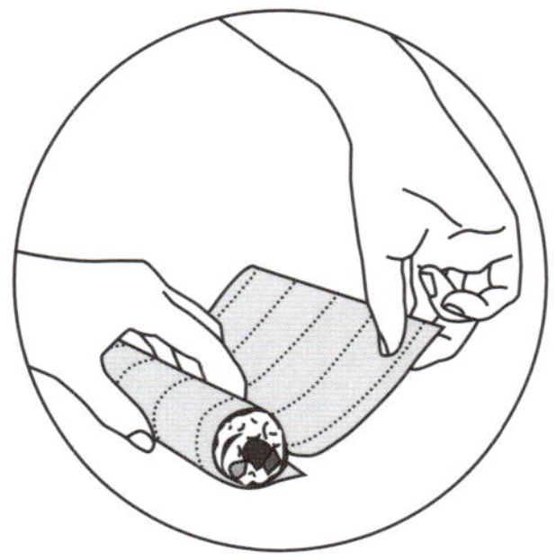

Zuerst werden das Wasser und der Reisessig wieder in einer kleinen Schale zu „tezu", zum Handessig, verrührt. Alle Zutaten für die Füllung in feine Streifen schneiden und bereitlegen. Die Bambus-Rollmatte muss unbedingt trocken sein. Auf einem Holzbrett bereitlegen.

1) Ein Blatt Nori mit der rauen Seite nach oben auf die Rollmatte legen und mit den angefeuchteten Händen eine halbe Tasse fertigen Sushireis darauf platzieren. 2) Den Reis gleichmäßig auf dem Blatt verteilen. An einer Längsseite etwa 2 cm freilassen, da wird die Rolle später verschlossen. 3) An der anderen Längsseite mit dem Finger etwas Wasabi in einer Linie über den Reis streichen. Darauf die Füllung in verschiedenen Lagen verteilen. Nicht zu viel, sonst wird das Rollen schwierig. Die freigelassene Längsseite mit etwas Reisessig anfeuchten. 4) Mit der Bambusmatte das Noriblatt mit Inhalt vorsichtig einrollen, dabei immer wieder andrücken. 5) Die Rolle fertig aufrollen und für 1 oder 2 Minuten ruhen lassen. 6) Ein scharfes Messer mit dem Handessig befeuchten und die Rolle damit in 2 bis 3 cm breite Stücke schneiden.

Maki Zushi

Maki Sushis werden mit eingelegtem Ingwer und Sojasauce serviert. In die Sojasauce kann nach Belieben ein wenig Wasabi gemischt werden. Auch die Maki Sushis werden nur leicht in Sojasauce gedippt, nicht ertränkt.

TOMOKO

REZEPT 20

REIS MIT LACHS UND LACHSROGEN

- 400 g Lachsfilet, ohne Haut
- 300 g japanischer Reis
- 50 g Lachsrogen
- 1 Noriblatt
- wenig Sake
- wenig Olivenöl
- Salz

Tomoko Kitao lebt mit ihrem Mann und ihren zwei Kindern in Tokio. Sie betreut als Senior Manager die strukturierten Finanzprodukte einer japanischen Großbank. Wir besuchten sie an einem der letzten Tage ihrer Babyauszeit. Sie ist eine großartige, aber bescheidene Köchin und war ein wenig beschämt, als sie erfuhr, dass ihr wunderbares Mittagessen neben den Rezepten vieler großer Köche in einem Buch beschrieben werden soll. Dies sei nun wirklich nur ein ganz einfaches Familienessen, stapelte sie tief, nichts Außergewöhnliches und einer Publikation eigentlich nicht würdig. Kochen Sie die folgenden zwei Rezepte aus der schnellen japanischen Alltagsküche – und urteilen Sie selbst.

Salzen Sie den Lachs auf beiden Seiten und braten Sie ihn in einer heissen Grill- oder Bratpfanne in wenig Olivenöl an. 1 bis 2 Minuten sollten reichen pro Seite. Der Lachs sollte innen unbedingt noch leicht glasig sein. Lassen Sie den Lachs leicht auskühlen. Den Lachsrogen abschütten, vorsichtig in einem Sieb mit Wasser spülen und für die verbleibende Zubereitungszeit mit wenig Sake marinieren. Kochen Sie den Reis wie auf Seite 9 beschrieben und richten Sie ihn in Tellern an. Den Lachs zerteilen Sie vorsichtig in kleine Stücke und verteilen ihn mit dem Lachsrogen auf den Reisportionen. Schneiden Sie das Noriblatt in dünne Streifchen und garnieren Sie das Gericht damit.

Shake Oyakodon

UDON NUDELN MIT GEMÜSE UND PILZEN

REZEPT 21

300 g Udon-Nudeln, getrocknet
100 g frischer Spinat
1 Karotte
2 Schalotten
200 g Kefen
150 g Shiitake- oder Shimeji-Pilze
150 g frischer Speck, ohne Schwarte, in dünne Streifen geschnitten
4 EL Sojasauce
2 EL Austernsauce
Sonnenblumenöl

Udon-Nudeln wurden vermutlich im 9. Jahrhundert aus China nach Japan gebracht. Sie werden wie viele japanische Teigwaren im Sommer oft kalt und im Winter meist heiß gegessen. Sie werden nach dem Kochen gut in kaltem Wasser abgespült – sie verlieren so, wie auch die Sobanudeln, ihren hohen Stärkeanteil. Udon-Nudeln werden aus mit Wasser und Salz geknetetem Weizenmehl hergestellt und besitzen daher auch in getrockneter Version einen ausgeprägten salzigen Geschmack. Das Salzen des Kochwassers erübrigt sich damit.

Kochen Sie die Udon-Nudeln in reichlich ungesalzenem Wasser nach den Angaben auf der Verpackung. Sollten Sie diese nicht lesen können: Es dauert ungefähr 10 Minuten. Das Wasser abschütten und die Nudeln in kaltem Wasser kurz abspülen und abtropfen lassen. Den Spinat und die Kefen waschen Sie kurz, gut abtropfen lassen. Schälen Sie die Karotte und die Schalotten und schneiden Sie diese in dünne Streifen. Die Shiitake-Pilze werden geputzt und in Streifen geschnitten. Sollten Sie Shimeji-Pilze verwenden, die ein wenig schwieriger zu finden sind, können Sie sie ganz lassen.

Nun braten Sie den Speck ohne Zugabe von Fett, aber mit etwas Salz und Pfeffer in einer Pfanne zusammen mit der Schalotte kurz an. Lassen Sie das Ganze nicht braun werden. Stellen Sie es beiseite und braten Sie in derselben Pfanne die Gemüse vorsichtig mit etwas Sonnenblumenöl an. Den Spinat geben Sie erst ganz am Schluss dazu. Die Gemüse sollten noch etwas Biss haben. Dann geben Sie die Nudeln in die Pfanne, erwärmen alles und schmecken mit der Soja- und der Austernsauce ab. Nun geben Sie auch den Speck zurück in die Pfanne und mischen alles vorsichtig.

Yakiudon

MITSUBISHI MOTORS
TOYOTA
レンタカー・リース

BENTO

BENTO BOXEN

Japans Eisenbahnnetz gilt als eines der größten und effizientesten weltweit. Und weil man sich in den Zügen hervorragend verpflegen kann, ist es auch eines der komfortabelsten. Bevor man die Reise beginnt, deckt man sich am besten mit Lunchboxen ein – sie werden an Ständen verkauft, wie es sie an jedem japanischen Bahnhof gibt. Die Ekiben, so heißen diese Lunchboxen, sind eine Abwandlung der Bento-Boxen, der klassischen japanischen Lunchbox. Die erste Bento-Box war im 5. Jahrhundert vermutlich eine Röhre aus Bambus. Ihr wurden antiseptische Eigenschaften nachgesagt, und sie begleitete die Japaner auf der Jagd und auch aufs Schlachtfeld. Heute gibt es ein riesiges Angebot unterschiedlichster Boxen: von der kunstvoll verzierten und in kleine Fächer unterteilten Lackbox bis hin zum Plastikmonster in Katzengestalt.

Der Inhalt der Box ist selbstverständlich mindestens so wichtig wie ihre Form. Gefüllt wird sie mit allen erdenklichen Speisen in getrennten Fächern. Üblicherweise sind das Reis, eingelegtes Gemüse sowie roher Fisch oder Fleisch. Heute ist aber sogar auch ein Schnitzel in einer Bento-Box erhältlich. Gefüllte Boxen sind vielerorts zu kaufen, aber es sind in der Regel die Hausfrauen, die für ihre Kinder – oder Ehemänner – die Boxen füllen. Die Bento-Box ist das unauffällige Band zwischen Mutter und Kind, zwischen Mann und Frau. Und mehr noch: Findet in der Schule ein Mädchen an einem Jungen besonderen Gefallen, versucht es ihn mit einer besonders schönen oder besonders schön gefüllten Bento-Box zu beeindrucken. In Japan erscheinen einige hundert Fachzeitschriften, die sich nur mit der Verzierung und Bestückung der Bento-Box beschäftigen.

Die Ekiben – „Eki" steht im Japanischen für „Bahnhof" – sind auch nur dort erhältlich. Es gibt Reiseführer, die ausschließlich zu den Verkaufsständen mit Ekiben führen und diese detailliert bewerten. Um die beliebtesten Stände herrscht ein derartiger Rummel, dass man seinen Lunch am Vortag bestellen muss, um überhaupt etwas kaufen zu können. Die besten Stände verkaufen vor allem regionale Spezialitäten. Und so wird jede Zugfahrt in Japan auch zur kulinarischen Entdeckungsreise, die von der Hoffnung bestimmt ist, der Halt am nächsten Bahnhof möge lang genug sein, um am Perron rasch eine Ekiben zu erhaschen.

京都駅
萩の家
なるべく早くお召し上がりください。

大阪弁当

水了軒

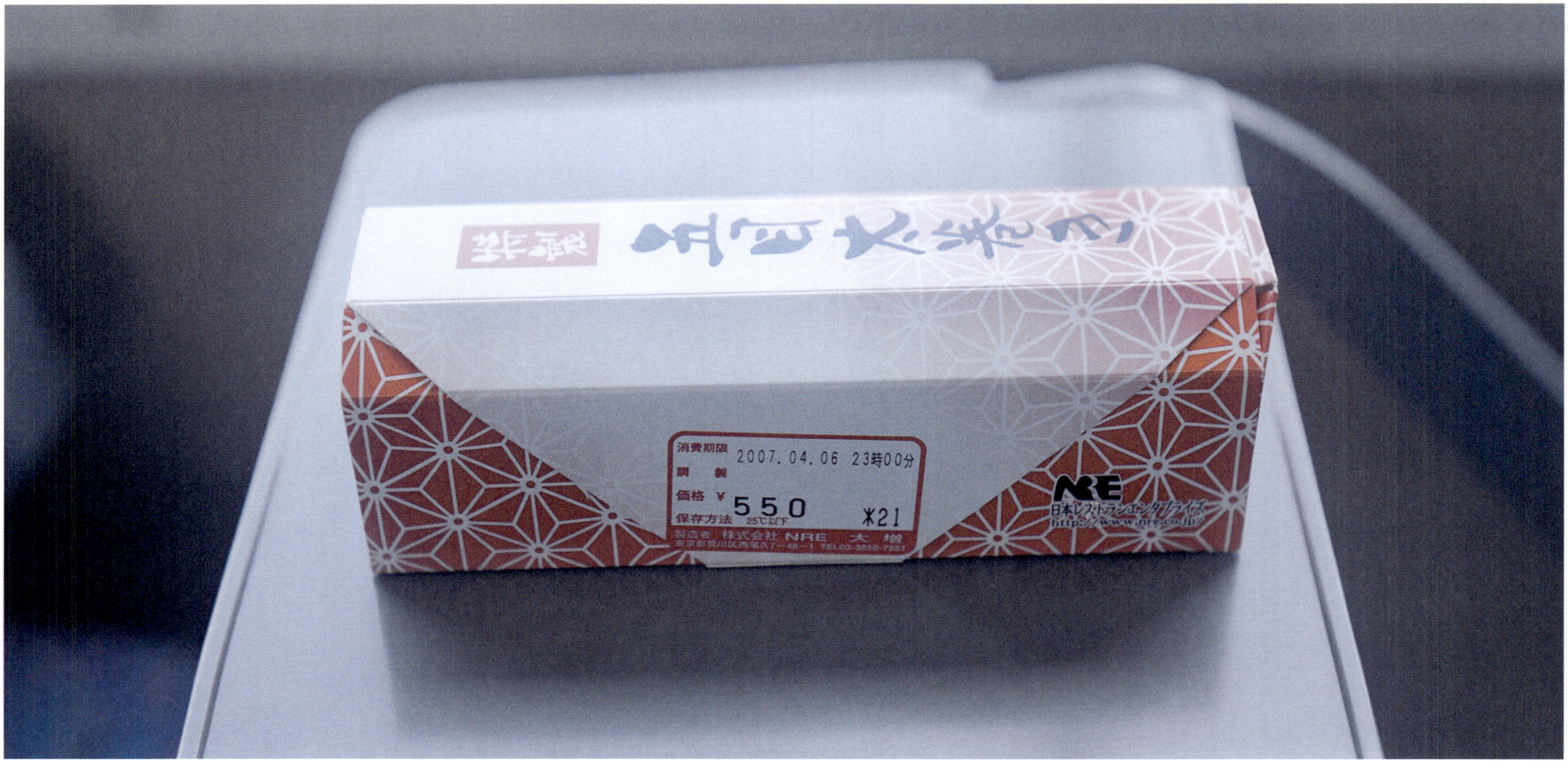
消費期限 2007.04.06 23時00分
調製
価格 ¥ 550
保存方法 25℃以下
*21
製造者 株式会社 NRE 大増
NRE
日本レストランエンタプライズ
http://www.nre.co.jp/

焼鯖寿司

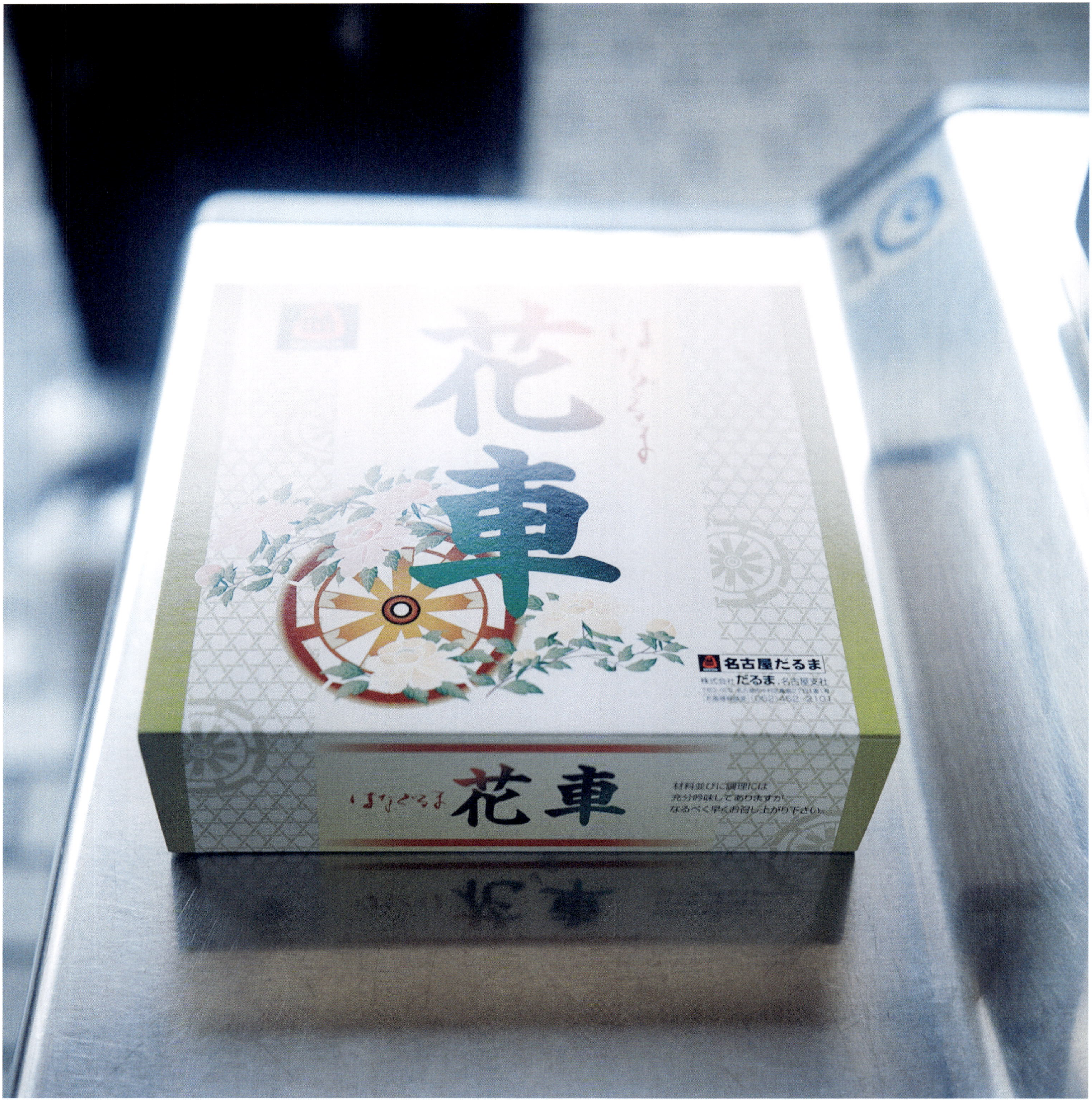

はなぐるま
花車
名古屋だるま
株式会社だるま 名古屋支社
(062)462-2101
はなぐるま 花車
材料並びに調理には
充分吟味してありますが
なるべく早くお召し上がり下さい。

ONSEN
2.7km
Chojukan's
650 Nagai, Niiharu-mura
Tone-gun
Gunma-ken
Tel. 0278-66-0005
www.houshi-onsen.jp/index.htm

BADEN IN HOSHI ONSEN

Mit fast 300 Kilometern pro Stunde hat uns der Shinkansen, der japanische Hochgeschwindigkeitszug, aus Tokio heraus gebracht. In Takasaki steigen wir aus und in den Regionalzug um nach Gokan. Die Besiedlung wird dünner. Die Vorstädte von Tokio weichen Dörfern. Die Landschaft wird hügeliger, als wir uns dem Ziel der Reise nähern: Hoshi Onsen. Das ist ein kleiner Ort in den Bergen nördlich von Tokio. Wir fahren hin, um zu baden.

Ab Gokan fährt ein Bus. Im hintersten Winkel des Bahnhofs fährt er auf einen grossen Plattenteller, der sich dreht. Der Bus wird elegant gewendet, und wir steigen gemeinsam mit einer kleinen, aber lauten Rentner-Wandergruppe ein. Bald steigen diese aus, und wir sitzen alleine mit dem Fahrer im Bus. Der scheint zu ahnen, wohin wir möchten. Schon ein paar Kilometer, bevor wir Hoshi Onsen erreichen, versucht er uns mit Händen und Füßen die Weiterreise an unser Ziel zu erklären. Wir verstehen nichts, er greift zum Handy. Keine Minute später fährt ein Taxi vor, und der Busfahrer öffnet die pneumatischen Türen hinaus in die eisige Bergluft. Es riecht nach Schnee, und der Taxifahrer streift weiße Handschuhe über, um unser Gepäck in den Kofferraum zu laden. In bedächtigen Kurven geht es über ein schmales Waldsträßchen nach Hoshi Onsen. Als wir aussteigen, fällt der letzte Schnee des Winters auf die Nadelbäume. Es knirscht unter den Füßen, sonst ist Ruhe.

Andächtig betreten wir eines der über 120-jährigen Holzhäuser des Ryokan Chojukan, eines traditionellen japanischen Hotels. Fast flüsternd ist die Begrüßung, und dann nimmt man uns unsere Schuhe weg. Sie werden beim Eingang verwahrt. In Badeschlappen, dem ersten Zeichen einer bevorstehenden äußerlichen Transformation, werden wir ins Zimmer geführt. Da liegen die Kleider, die uns in den nächsten Tagen genügen müssen. Der Yukata, ein Mantel aus Baumwolle, und ein wollener Übermantel. Darin eingepackt, sind wir bereit für eine der japanischsten Erfahrungen überhaupt: den Onsen. >

Japan ist, was seine tektonische Lage betrifft, eine einzige hochsensible Zone. Vulkanausbrüche und heftige Erdbeben machen dies immer wieder schmerzlich bewusst. Dafür verfügt Japan über die ganze Inselgruppe verstreut über unzählige Thermalquellen (japanisch: Onsen). Und so hat sich hier im Lauf der Zeit eine einzigartige Badekultur entwickelt. Schon die Ainu, Japans Ureinwohner, sollen die Quellen zum Baden genutzt haben, und heute noch ist in vielen japanischen Durchschnittshaushalten das heiße Bad vor dem Abendessen ein wesentlicher Bestandteil des Alltags. Daneben sind die Onsen beliebte Treffpunkte – sei es am Wochenende in einem Ryokan oder im öffentlichen Quartierbad. Thermalbaden in Japan, das ist der Versuch, sich in einem unerträglich heißen Wasserbecken zu entspannen. Und, nicht zu vergessen, die unverrückbare Badeetikette unbedingt einzuhalten. Im Umkleideraum wird der Yukata abgelegt, dann begibt man sich, die primären Geschlechtsteile höflich mit einem winzigen Tüchlein bedeckt, zu den Waschstellen. Da kommt das Tüchlein zu seiner eigentlichen Bestimmung – als Waschlappen. Ausgiebig – ausgiebig! – schrubbt man sich mit der Seife und spült sich mit der Brause oder dem Wasser aus bereitstehenden Kübeln. Vorher wird das Becken nicht betreten, und keinesfalls kommt der Waschlappen mit ins Becken. Er bleibt dann auf dem Kopf des Badenden, manchmal auch auf den Schultern, aber niemals im Wasser. Das Wasser, übrigens, ist nicht selten über 43 Grad heiß.

Im Gegensatz zu früher badet man heute meist geschlechtergetrennt, ein paar rustikalere Onsen ausgenommen. Hoshi Onsen ist eines davon. Nur die Umkleidekabinen sind hier getrennt, später trifft man sich, pittoresk mit dem Waschlappen bedeckt, beim Waschen wieder. Sauber bis in die letzte Pore und unter den Blicken der bereits Badenden versuchen wir möglichst diskret ins heiße Wasser zu gleiten. Es fällt nicht leicht, bei diesen Temperaturen Contenance zu wahren; die wohligen Geräusche, die wir reihum vernehmen, sie markieren die erfahrenen, um nicht zu sagen: die abgebrühten Badegäste. Bald aber liegen auch wir bis zum Kinn im Wasser, die Verkrampfung löst sich und macht der Entspannung Platz. Durch alte, dicht beschlagene Fensterchen dringt diffuses Sonnenlicht in die Holzbecken, die durch schwere Stämme getrennt sind. Am Grund der Becken spüren wir große, schwere Steine. Die Wände, die Decke, die Planken um die Becken, alles ist aus Holz. Ein leiser, angenehmer Geruch von Schwefel und Holz zieht durch den Raum und die feuchten Nasenschleimhäute. Regungslos liegen wir für eine Ewigkeit da.

Während eines Badeausflugs hält man sich in nicht mehr als zwei Räumen auf. Im Bad und im Zimmer. Dieses ist, je nach Möblierung, nicht nur ein Schlaf-, sondern auch ein Esszimmer. Sind die Schlafmatten weggerollt, kommt an ihre Stelle der Kotatsu, das beheizte Tischchen. Zwischen Gestell und Platte des Tischchens geklemmt ist eine Decke, darunter erzeugt eine elektrische Heizung eine wohlige Wärme. An dieses Tischchen werden dem Gast die Mahlzeiten serviert. Selber ganz weich gekocht, gibt er sich den kulinarischen Genüssen hin. Baden macht hungrig.

Tororo
Nameko
Soba

REZEPT 22

SOBA MIT NAMEKO UND YAMS

- 1,2 l Dashi
- 150 ml Mirin
- 150 ml Sojasauce
- 400 g Soba-Nudeln
- 100 g Nameko-Pilze
- 100 g junge Spinatblätter
- 300 g Yamswurzel, geschält und fein gerieben
- 1 Blatt Nori, in feine Streifchen geschnitten

Soba-Nudeln werden oft kalt zu einem Dip gereicht. Dazu werden Dashi, Mirin und Sojasauce zu etwa gleichen Teilen gemischt. Im Winter und vor allem in den Bergregionen werden sie aber auch in einer Suppe mit verschiedenen Einlagen serviert. Hier mit Nameko, Yams und Spinat. Von allen japanischen Pilzen ist der Nameko (was so viel heißt wie „glitschiger Pilz") der einzige, der auf Grund seiner schlechten Haltbarkeit auch in Japan fast ausschließlich in Dosen oder Gläsern erhältlich ist – und somit bei uns in der gleichen Form wie in Japan. Sie können ihn aber auch durch Shimeji oder klein geschnittenen Shiitake ersetzen, was die etwas glitschige Textur der Suppe jedoch beeinträchtigt.

Bringen Sie reichlich Wasser in einem grossen Topf zum Kochen, geben Sie die Nudeln hinein und lassen Sie diese fünf bis sechs Minuten kochen. Danach brausen Sie sie sofort mit kaltem Wasser ab, die Stärke wird so abgespült. Dashi, Mirin und Sojasauce werden zusammen aufgekocht. Geben Sie die Pilze dazu, und lassen Sie diese einige Minuten kochen. Die Herdplatte ausschalten, den Spinat beigeben und nur noch ziehen lassen. Währenddessen können Sie die Nudeln in kochendem Wasser erwärmen. Sofort abgießen, in 4 Schalen verteilen und den geriebenen Yams dazugeben. Die Brühe mit den Einlagen gießen Sie nun ebenfalls in die Schalen und garnieren die Suppe mit den Nori-Streifen.

Im Land der Automaten gibt's auch in den Bergen Grüntee-Eis. Direkt neben den Massagesesseln.

出発反応標識

TAKAYAMA

Hochzeit in Takayama,
in den Bergen
der Provinz Hida.

HIDA-BEEF

名産 飛騨牛 すきやき しゃぶしゃぶ用
100g ¥2000
名産 飛騨牛 すきやき しゃぶしゃぶ用
100g ¥1500
名産

Auslage einer Metzgerei in Takayama.
Das Fleisch kostet hier zwischen 200 und
300 Schweizer Franken pro Kilo.

HIDA BEEF AUS TAKAYAMA

Fast 1000 Jahre lang wurde in Japan nur sehr wenig Fleisch gegessen. Der Buddhismus, der im späten 6. Jahrhundert zur Staatsreligion wurde, erlaubte dies nicht. Der Verzehr von Rindern, Pferden, Hunden, Affen und Hühnern wurde offiziell verboten. Vom Verbot ausgenommen war das Fleisch von Wild, Fisch und vom Wal, der auch als Fisch angesehen wurde. Wie archäologische Funde zeigen, wurden die Verbote jedoch bei weitem nicht so strikte eingehalten wie lange vermutet. Mit der Öffnung des Landes zum Westen veränderten sich die Essgewohnheiten dann nachhaltig: 1873 wurde der Verzehr von Rindfleisch vom Kaiser offiziell gutgeheißen.

Seither ranken sich unzählige Mythen um die schwarzhaarigen Wagyu-Rinder, die je nach ihrer Herkunft ihren Namen tragen: Kobe, Matsusaka, Yamagata oder Hida. Die Bauern würden zu Koto-Klängen ihre Rinder mit Sake massieren und mit Bier tränken, heißt es etwa. Nur so erhalte das Fleisch diese feine Fettmarmorierung, die den Geschmack dieses Rindfleisches erzeugt, der ja tatsächlich unerreicht ist. Gut möglich, dass das in gewissen Regionen von Japan noch so gemacht wird. Für die Touristen. Die Wahrheit ist aber, dass es vermutlich die genetische Struktur dieser Rinder ist, die für den Geschmack ihres Fleisches verantwortlich ist. Während in Europa über Jahrzehnte versucht wurde, den Rindern das geschmacklich so wertvolle Muskelfett wegzuzüchten, durften es die japanischen Rinder behalten.

Auch die Fütterung trägt dazu bei, dass das Fleisch dieser Rinder nicht nur das beste, sondern auch das gesündeste der Welt ist. Der Anteil an gesättigten Fettsäuren soll extrem klein sein. Der Preis für erstklassiges Rindfleisch bewegt sich in Japan zwischen 1500 und 5000 Yen, das sind etwa 20 bis 60 Franken. Pro 100 Gramm, versteht sich. Japan exportiert bis heute kein Gramm seiner Fleischproduktion, alles ist für die einheimischen Feinschmecker reserviert. Auch die Ausfuhr von lebenden Tieren ist verboten. Trotzdem haben es einige Tiere übers Meer nach Australien geschafft, von wo die Zuchttiere dann nach Amerika gelangt sind. Aber auch in Europa wird man bald in den Genuss dieses Fleisches kommen, sind doch die ersten Wagyu-Rinder bereits in Appenzell (Schweiz) gesehen worden. Und dort werden sie vom Bauern tatsächlich mit Bier massiert.

SHABU SHABU

REZEPT 23

Ein japanischer Hund bellt ein deutliches „wang wang“, während die Katze in Tokio ein lang gezogenes „nyaau“ oder „gorogoro“ von sich gibt. „Susuru“ hingegen, das ist die lautmalerische Beschreibung des Schlürfens einer Suppe. Oder: Ziehen Sie ein papierdünnes Stück Fleisch zweimal durch eine kochende Brühe, und es wird Ihnen mit einem zischenden „shabu shabu“ antworten. Shabu shabu ist die japanische Variante des Fleischfondues und wie ein Schweizer Käsefondue auch ein gesellschaftlicher Event. Eine Einladung zum Shabu shabu ist in der Regel ein warmer Freundschaftsbeweis, bedeutet sie doch nichts anderes, als dass man jemanden so gut mag, dass man mit ihm die Essstäbchen in den gleichen Topf stecken mag …

PONZU-SAUCE
- 1 Zitrone
- 1 Limette
- 100 ml Mirin
- 200 ml Sojasauce
- 1 Stück Kombu (postkartengroß, überschüssiges Salz abgewischt)

SESAM-SAUCE
- 80 g weiße Sesamkörner
- 200 ml Dashi
- 7 EL Sojasauce
- 2 EL Mirin
- 1 TL Zucker
- 1 kleine, geriebene Knoblauchzehe
- 2 Teelöffel Sake

SHABU SHABU
- 600 g Rindfleisch, hauchdünn geschnitten
- 200 g Chinakohl
- 200 g Enoki- oder Shiitake-Pilze (oder beides)
- 200 g Frühlingszwiebel
- 150 g Tofu
- 2 Stück Kombu (postkartengroß, überschüssiges Salz abgewischt)
- 300 g Udon-Nudeln, gekocht (siehe Seite 96)

Für die Ponzu-Sauce pressen Sie jeweils eine Limette und eine Zitrone aus. Davon verwenden Sie 100 ml. Vermischen Sie das Mirin mit dem Zitrussaft und erhitzen Sie alles in einem Topf. Danach abkühlen lassen, die Sojasauce dazugeben und alles gut mischen. Füllen Sie nun die Sauce mit dem Stück Kombu, den Sie mehrmals eingeschnitten haben, in eine Flasche.

Für die Sesam-Sauce rösten Sie die Sesamsamen vorsichtig goldbraun. In einem Cutter oder Mörser werden diese dann fein gemahlen. Mixen Sie die Samen mit den restlichen Zutaten zu einer homogenen Sauce.

Nehmen Sie eine Pfanne oder einen Fleischfonduetopf, den Sie danach auch auf einem Tischkocher platzieren können, füllen ihn zu zwei Drittel voll mit Wasser und legen die Kombu-Stücke darin für eine halbe Stunde ein. Am besten schneiden Sie den Kombu auch hier mehrmals ein, so gibt er mehr Geschmack ab. Waschen Sie den Chinakohl, schneiden Sie ihn in grobe Stücke und blanchieren Sie ihn kurz, um ihn dann gleich im Eiswasser abzuschrecken. Die Frühlingszwiebeln gut waschen und ebenfalls in grobe Stücke schneiden. Die Pilze reinigen und in die Hüte der Shiitake-Pilze jeweils ein Kreuz schneiden. Den Tofu aus dem Behältnis nehmen, gut abtropfen lassen, die restliche Feuchtigkeit zwischen Küchenpapier ausdrücken und in mundgerechte Würfel schneiden. Das Wasser wird nun aufgekocht. Entfernen Sie die Kombu-Stücke, kurz bevor das Wasser den Siedepunkt erreicht hat.

Die Grundbrühe ist somit bereit, der Topf kann auf dem Tischkocher platziert werden, und alle Zutaten werden auf Platten angerichtet. Nun ziehen Sie das Fleisch möglichst kurz durch die Brühe und nehmen dazu ein wenig von den Saucen, welche Sie in jeweils zwei Schälchen separat servieren. Ist die Fleischqualität wirklich gut, kann es fast roh genossen werden. Die Gemüse und den Tofu können Sie natürlich länger in der Brühe garen lassen. Sollte auf der Oberfläche der Brühe etwas Schaum entstehen, schöpfen Sie ihn von Zeit zu Zeit ab. Wenn alle Zutaten gegessen sind, geben Sie die vorgekochten Udon-Nudeln zur Brühe. Sobald die Nudeln heiß sind, werden sie zum Abschluss des Shabu shabu in vier Schalen mit der Brühe serviert.

Shabu
shabu

KYOYA

Restaurant Kyoya
1-77 Oshinmachi
Takayama, Gifu
Tel. 0577-347660
www.kyoya-hida.jp

Naoki Nishimura und seine Mutter in ihrem Restaurant Kyoya in Takayama. Hida-Beef wird hier vom Gast am Tisch grilliert.

SOBA NUDELN IM NORI BLATT

REZEPT 24

Die Bergregion um Takayama in der Provinz Hida ist nicht nur für ihr gleichnamiges Fleisch bekannt (das Hida-Beef). Auch viele Gerichte mit Sansai, den Berggemüsen, haben hier ihren Ursprung. Es handelt sich dabei um wild wachsende Gemüse, vor allem Farne, von denen im Frühling die Sprösslinge und im Herbst die Blätter gepflückt werden, und die als eigentliche Delikatesse gelten. Um den Sprösslingen die Bitterstoffe zu entziehen, wird der Farn ausgekocht und über mehrere Tage zwischen Matten ausgepresst und anschließend getrocknet. Zenmai, der Taubenfarn, gilt als der König unter den Berggemüsen und ist bei uns so gut wie nicht erhältlich. Sollten Sie getrockneten oder eingelegten Zenmai finden, umso besser, andernfalls zögern Sie nicht, ihn durch heimische Gemüse zu ersetzen. Je nach Jahreszeit eignen sich dazu wilder Spargel, Spinat, Mangold, Federkohl oder im Winter auch Schwarzwurzel. Sie können es im Herbst durchaus auch mit Kürbis probieren.

150 g Soba-Nudeln
4 Nori-Blätter
100 g Zenmai oder heimisches Gemüse

SAUCE (TSUKE-JIRU)
200 ml Dashi
50 ml Sojasauce
2 EL Mirin
1 TL Zucker
15 g oder 1½ Tassen Bonito-Flocken

Für die Sauce bringen Sie alle Zutaten außer den Bonito-Flocken in einem Topf auf mittlerer Hitze zum Kochen. Fügen Sie die Bonito-Flocken dazu und nehmen Sie den Topf sofort vom Herd. Sobald sich die Bonito-Flocken mit der Flüssigkeit vollgesogen haben, also nach zirka 10 bis 20 Sekunden, gießen Sie die Sauce durch ein mit Haushaltspapier ausgelegtes Sieb. Lassen Sie die Sauce vor dem Servieren auf Raumtemperatur abkühlen. Sie können die Sauce in einem Eiswürfelbehälter einfrieren, sie hält so einige Monate und kann zu allen Soba-Gerichten serviert werden.

Danach kochen Sie das Wasser auf und lassen die Soba-Nudeln darin 5 bis 7 Minuten köcheln. Für die Kochzeit halten Sie sich am besten an die Angaben auf der Verpackung. Das Wasser abgießen und die Nudeln mit kaltem Wasser abspülen. Gut abtropfen lassen, damit kein Wasser an den Nudeln haften bleibt. Das Gemüse in leicht gesalzenem Wasser blanchieren, es darf noch ein wenig Biss haben. Legen Sie auf die Sushi-Bambusmatte ein halbes Nori-Blatt und verteilen Sie auf zwei Drittel des Nori-Blattes in einer dünnen Schicht die Nudeln. In die Mitte der Nudeln legen Sie ein wenig vom blanchierten Gemüse. Nun rollen Sie das Nori-Blatt mit der Matte vorsichtig und gleichmäßig auf und drücken es dabei fest zusammen. Das nicht belegte Drittel des Nori-Blattes ist die von Ihnen abgewandte Seite (siehe Seite 92).

Mit einem scharfen, angefeuchteten Messer schneiden Sie die Rolle in 2 bis 3 cm lange Stücke und servieren diese mit der Sauce.

Sobazushi

REISBA

Mitarashi Dango

REZEPT 25

REISBÄLLE

ERGIBT ETWA 15 BIS 20 KUGELN

- 160 g Joshinko-Reismehl
- 80 g Shiratamako-Reismehl (oder Mochiko-Reismehl und 1 TL Maisstärke)
- 150 ml heißes Wasser
- 2 EL Sojasauce
- 4 EL Zucker
- 50 ml Wasser
- 2 TL Mais- oder Kartoffelstärke

An den Straßen von Takayama begegnet man auf Schritt und Tritt den kleinen Bretterbuden, an denen die an Sojasauce grillierten Reismehlkugeln verkauft werden. Mitarashi Dango gibt es in einer süßen und einer salzigen Variante. Im Rezept ist die Zubereitung der süßen Reiskugeln beschrieben – verwenden Sie dazu aber nur die Sojasauce, sind Sie bei Takayamas salzigem Original. Die Herausforderung besteht hier nicht in der Rezeptur, eher in der Beschaffung der Zutaten. Die Klebreismehle erhalten Sie nur in gut sortierten japanischen Lebensmittelgeschäften.

Mischen Sie die Reismehle gut und geben Sie, am besten in einem Teigrührwerk, langsam das Wasser dazu – bis sich ein homogener, samtig weicher Teig bildet. Sollte der Teig zu flüssig sein, geben Sie etwas Reismehl hinzu. Ist er zu trocken, geben Sie ein wenig Wasser dazu. Formen Sie nun kleine, etwa walnussgroße Bällchen, und geben Sie sie in einen Topf mit reichlich kochendem, leicht gesalzenem Wasser. Die Bällchen sinken nun zuerst ab, bald tauchen sie aber wieder auf. Von diesem Moment an kochen Sie die Bällchen noch etwa 3 bis 4 Minuten weiter. Schrecken Sie sie nun in kaltem Wasser ab und stecken Sie jeweils 3 bis 5 Bällchen auf einen Holzspieß. Am besten auf einem Grill oder in einer Grillpfanne werden sie nun gebraten, bis sie eine schöne Farbe haben.

Geben Sie in der Zwischenzeit die Sojasauce, den Zucker und das Wasser in eine Pfanne und kochen alles unter ständigem Rühren auf kleiner Flamme, bis sich der Zucker aufgelöst hat. Dann rühren Sie die Stärke hinzu und lassen die Sauce auf eine cremige Konsistenz einkochen. Bestreichen Sie die Spieße mit der Sauce und grillieren Sie sie nochmals kurz, bis sie „rot sind wie ein Fuchs". Sofort servieren.

Vor dem Verlassen jedes Wagens drehen sich die Verkäuferinnen noch einmal zu den Gästen, um sich vor ihnen zu verneigen.

KYOTO

Klassenfoto vor dem
Kiyomizu-dera Tempel
in Kyoto

乙友

NISHIKI

AM NISHIKI MARKT KYOTO

Kyoto gilt als die Wiege der wahren traditionellen japanischen Küche. Und das kulinarische Herz der Stadt schlägt am Nishiki-Markt im Zentrum der alten japanischen Hauptstadt. Unter den Arkaden der mit farbigem Glas überdachten Markthalle drängen sich auf über 400 Laufmetern die Geschäfte – mit allem, was für die facettenreiche Kyotoer Küche gebraucht wird. Es gibt Läden mit verschiedensten Misopasten, andere verkaufen nur unterschiedliche Sorten von Fischflocken. Unzählige Fischstände bieten neben frischem Meer- und Süsswasserfisch auch fertig zubereitete Speisen an, gedämpften Fisch oder marinierten Oktopus. Je nach Jahreszeit sind alle erdenklichen Gemüse erhältlich, im Frühling verkaufen einzelne Händler ausschließlich Bambussprossen in allen möglichen Größen.

Und man findet hier eine unendliche Auswahl an „Tsukemono", an „eingelegten Dingen". Die Pickels sind Teil fast jeder Mahlzeit. Meist werden Rettiche oder andere Gemüse in Reiskleie fermentiert, kleine Auberginen, Radieschen und anderes werden aber auch in Miso, Essig oder Salzlake eingelegt. Auch Früchte und sogar Fisch oder Fleisch werden auf diese Art konserviert und verkauft. Aber auch Messer und andere Küchengeräte gibt es an diesem Markt zu kaufen. Aritsugu, eine renommierte japanische Messerschmiede, verkauft in einem der Geschäfte seit 1560 ihre Produkte. Sollte der Marktrundgang beim Besucher ein kleines Hungergefühl hinterlassen (was schwer zu vermeiden ist), kann dem direkt am Markt in einem der zahlreichen Restaurants abgeholfen werden.

450
400

MARINIERTER OKTOPUS

REZEPT 26

ERGIBT ETWA 10 STICKS

1 Oktopus (zirka 1 Kilo)
6 EL Reisessig
2 EL Zucker
1½ EL Mirin
1½ EL Dashi
1 EL Sojasauce
½ EL Salz
5 Blätter Shiso
(oder 3 Blätter Basilikum und 3 Blätter Minze)
Holzstäbchen

Vorgekochter Oktopus ist bei vielen Fischhändlern erhältlich und gefroren auch in japanischen Lebensmittelgeschäften. Am besten schmeckt er jedoch selbst gekocht. Die Angst vor zähem Oktopusfleisch ist völlig unbegründet. Falls Sie der südeuropäischen Mär vom mitgekochten Weinkorken, der das Pulpofleisch zarter machen soll, nicht widerstehen können, schmeißen Sie diesen in Gottes Namen mit ins Wasser, schaden kann das bestimmt nicht. Entscheidend beim Garen von Oktopus sind jedoch einzig und allein die Gartemperatur, die Garzeit und dass Sie das Tier im Garwasser langsam abkühlen lassen. Und schrecken Sie nicht vor gefrorenem rohem Oktopus zurück. Dieser wird meist sowieso in diesem Zustand zu uns transportiert. Langsam aufgetaut, soll sein Fleisch sogar zarter sein.

Der Teil des Oktopuskopfes mit den Augen ist der einzige, der nicht verwendet wird. Trennen Sie ihn also mit einem scharfen Messer vom Rest des Tieres mit zwei Schnitten ab – einer oberhalb und einer unterhalb der Augen. So erhalten Sie zwei Teile, den Körperbeutel und die Tentakel. Schneiden Sie die Tentakel voneinander und entfernen Sie das schnabelähnliche Kauwerkzeug. Ziehen Sie die Haut vom Körperbeutel und stülpen Sie ihn um. Reiben Sie nun alle Teile des Oktopus mit grobem Salz kurz ab und waschen Sie sie gründlich mit Wasser. Kochen Sie reichlich Wasser in einem ofenfesten Topf auf und lassen Sie die Oktopusteile hineingleiten. Das Wasser kurz aufkochen und den Oktopus im Ofen bei 130 Grad rund 40 Minuten ziehen lassen. Den Oktopus aus dem Ofen nehmen und im Kochwasser auskühlen lassen.

Für die Marinade hacken Sie die Kräuter fein und geben Sie sie zu allen anderen, gut vermischten Zutaten. Den ausgekühlten Oktopus schneiden Sie in Stücke und fügen die Marinade dazu. Eng in einen Plastikbeutel eingepackt, am besten vakuumiert, lassen Sie das Ganze nun über Nacht im Kühlschrank marinieren, bevor Sie die Oktopusteile auf Holzstäbchen stecken und so servieren.

Tako no Sunomono

Kamo
Nanban
Soba

REZEPT 27

SOBA NUDELSUPPE MIT ENTE

300 g Soba-Nudeln
3 EL Sake
1 TL Zucker
4 EL Mirin
3 EL Sojasauce
800 ml Dashi
1 Entenbrust
wenig Salz
2 EL Sake
3 Stangen junger Lauch
1 Frühlingszwiebel
Sichimi Togarashi oder Chili-Pfeffer

Die Ente ist in der japanischen Küche nie so beliebt wie in der chinesischen. Nanban bedeutet „südlicher Barbar", was eine despektierliche Bezeichnung für Fremde ist, die einst ins südliche Japan gelangten. So übersetzt, lautet der Name dieses Gerichts: „Die Ente des südlichen Barbaren mit Soba-Nudeln". Trotzdem gehört dieses Gericht zu den teuersten in einem japanischen Nudelrestaurant – wegen der Ente, die, allen barbarischen Anwandlungen zum Trotz, vor allem zu besonderen Anlässen serviert wird.

Kochen Sie die Soba-Nudeln in zirka 4 Liter ungesalzenem Wasser nach den Angaben auf der Verpackung (fünf bis sechs Minuten). Das Wasser abschütten und die Nudeln in kaltem Wasser kurz abspülen und abtropfen lassen. Lösen Sie den Zucker in Sake, Mirin und der Sojasauce in einer Pfanne bei kleiner Hitze auf, geben Dashi dazu und kochen die Brühe kurz auf.

Schneiden Sie das Fett auf der Hautseite der Ente – vorsichtig und ohne das Fleisch zu verletzen – rautenförmig ein und salzen Sie es auf beiden Seiten. Nun braten Sie die Ente auf der Hautseite ohne Zugabe von Fett in einer Pfanne bei guter Hitze einige Minuten an, das austretende Fett gießen Sie mit einem Löffel immer wieder über die Ente. Sobald die Ente knusprig ist, legen Sie sie auf der Fleischseite in ein feuerfestes Gefäß, geben den Sake dazu und garen sie im Ofen bei 180 Grad zirka 12 Minuten fertig. In der gleichen Bratpfanne, die Sie für die Ente verwendet haben, können Sie den in kurze Stücke geschnittenen Lauch kurz anbraten. Gießen Sie jedoch vorher das Entenfett ab.

Nehmen Sie die Entenbrust aus dem Ofen und lassen Sie diese an einem warmen Ort fünf Minuten ruhen, danach können Sie sie mit einem scharfen Messer in drei Millimeter dicke Streifen schneiden. Geben Sie den Lauch, die Ente und die Nudeln in die Brühe und kochen diese vor dem Servieren kurz auf. Verteilen Sie die Nudeln, die Ente und den Lauch auf 4 Schalen, geben Sie die heiße Brühe dazu und dekorieren Sie die Suppe mit etwas frisch geschnittenem Grün einer Frühlingszwiebel. Den Sichimi Togarashi servieren Sie separat.

CURRY NUDELSUPPE

REZEPT 28

1 EL Butter
1 Zwiebel, geschält, in dünne Streifen geschnitten
1 TL Ingwer, gerieben
1 TL Knoblauch, gerieben
1 EL Butter
2 EL Mehl
1 EL Currypulver
400 ml Bouillon
½ TL Garam Masala

300 g Udon-Nudeln
150 g Rindssteak, in Streifen geschnitten
1 EL Sonnenblumenöl
1 kleine Zwiebel, geschält, in dünne Streifen geschnitten
1 kleine Karotte, geschält, in dünne Stifte geschnitten
1 Prise Salz
1 Liter Dashi
50 g japanische Currypaste
2 EL Maisstärke
2 EL Wasser
2 EL Sojasauce
1 Frühlingszwiebel, das Grüne fein geschnitten

Am Ende des 19. Jahrhunderts, zur Zeit der britischen Kolonialherrschaft in Indien, wurde in Japan erstmals Curry eingeführt. Daraus entstand mit der Zeit Kare, eine japanische Version des indischen Currys. Mit den Resten eines japanischen Currys wird oft Kare Udon, eine Curry-Nudelsuppe gekocht.

Für die Currypaste erhitzen Sie in einer Bratpfanne die Butter und bräunen die Zwiebel bei kleiner Hitze an. Der Knoblauch und der Ingwer werden nun mit angebraten. Stellen Sie die Pfanne beiseite. Nehmen Sie einen Topf, erhitzen Sie erneut etwas Butter und schwitzen das Mehl kurz an. Geben Sie das Currypulver dazu und vermischen Sie alles gut. Nun gießen Sie in Etappen die Bouillon dazu, und lassen Sie diese jedesmal ein wenig einkochen. Die Zwiebelmischung wird nun dazugegeben und die Sauce gut eingekocht. Zum Schluss fügen Sie das Garam Masala bei.

Kochen Sie die Udon-Nudeln in zirka 4 Liter ungesalzenem Wasser nach den Angaben auf der Verpackung (ungefähr 10 Minuten). Das Wasser abschütten und die Nudeln in kaltem Wasser kurz abspülen und abtropfen lassen. Die Rindfleischstreifen werden mit Sonnenblumenöl in einem grossen Topf bei hoher Hitze angebraten. Geben Sie die Zwiebel und die Karotte dazu und würzen Sie mit etwas Salz. Geben Sie Dashi und die Currypaste dazu und lassen Sie alles kurz aufkochen. Mischen Sie das Wasser mit der Stärke, geben es der Suppe bei und lassen diese ein wenig eindicken. Geben Sie nun die Udon-Nudeln zur Suppe, würzen Sie mit etwas Sojasauce und verteilen Sie alles auf vier Schalen. Mit fein geschnittener Frühlingszwiebel dekorieren.

Kare Udon

TAKAHASHI

Hyotei
35 Kusakawamachi, Nanzen-ji
Sakyo-ku, Kyoto
Tel. +81 75-771-4116
http://hyotei.co.jp

EIICHI TAKAHASHI KYOTO

Eiichi Takahashi ist ein scheuer Mann. Trifft man ihn, denkt man, er halte sich deshalb seit 43 Jahren in der Küche seines Restaurants versteckt. Die liegt am Ende einer verwunschenen Gartenanlage, die sich ihrerseits hinter hohen Mauern in einem stillen Quartier von Kyoto verborgen hält. Bei Takahashi zu Gast, wird man in ein 400-jähriges Teehaus in seinem Garten gebeten. Nun wird die Aussicht auf den Garten zum Bild, gerahmt durch die offenen Schiebetüren. Die Komposition ist atemraubend. Inmitten eines kleinen Baches, der in perfekten Kurven durch die Gartenlandschaft zieht, sitzt auf einem Stein eine Schildkröte. Sie kann unmöglich echt sein. Die Schildkröte sitzt zu genau platziert auf diesem Stein. Man ist versucht, einen Kieselstein nach ihr zu werfen. Nur, es gibt hier keine Steine, deren Entfernung die Gartenanlage in ihrer schieren Perfektion nicht augenblicklich zerstören würde.

Genau so verhält es sich mit der Mahlzeit, die Herr Takahashi gerade kocht. Obwohl „Kochen" und „Mahlzeit" nicht die richtigen Ausdrücke für das sind, was er macht. Vielmehr handelt es sich hier um eine Zeremonie. Als Nachkomme einer Familie von großen Küchenmeistern zelebriert Eiichi Takahashi im „Hyotei" die legendäre Kaiseki-Küche. Eine im Kimono wandelnde Schönheit mit Silberblick serviert Gang für Gang ins Teehaus. In totaler Stille, abgesehen vom leisen Plätschern des Bächleins vor dem Teehaus, erschließen sich langsam, langsam die Welten der japanischen Geschmacksnoten und Gerüche. Plötzlich dreht sie ihren Kopf. Die Schildkröte lebt.

Kaiseki ist die eigentliche Haute Cuisine der japanischen Küche, das Wort bedeutet „ein am Feuer gewärmter Stein". Diesen warmen Stein drückten die Zen-Mönche ursprünglich an ihren Bauch, um während der Askese das Hungergefühl zu unterdrücken. Kaiseki wurde zu einem leichten, mehrgängigen Essen, das meist bloß eine Teezeremonie abrundete. Entsprechend dem buddhistischen Ursprung war Kaiseki einst eine vegetarische Küche. Heute gibt es auch Fisch, manchmal auch Fleisch. Aber nach wie vor keine außersaisonalen Produkte. Der Charakter einer Zeremonie wird durch die optische Präsentation der Gerichte betont, die ebenso wichtig ist wie der Geschmack. Auch das Geschirr wechselt im Laufe der Jahreszeiten.

Der ausgesprochen zeremonielle Charakter der Kaiseki-Küche verunmöglicht es einem europäischen Laien, diese Gerichte ernsthaft zuzubereiten. Darum gibt es zu den Bildern aus Takahashis Küche in diesem Buch keine Rezepte.

Kaiseki ist die eigentliche
Haute Cuisine der japanischen Küche.
Dabei wechselt auch das Geschirr
im Laufe der Jahreszeiten.

WAS

Rest. WAS, Ajibiru Kawaramachi B1
238 Yamazaki-cho Rokkaku kudaru
Kawaramachi-dori, Nakakyo-ku
Kyoto-shi, 075-223-2425

LACHS UND JAKOBSMUSCHEL AN PONZU SOJASAUCE

REZEPT 29

600 g frischer Lachs
8 frische Jakobsmuscheln
1 kleine Zwiebel
50 g Butter
ein paar Blätter Mizuna
(zu ersetzen mit Rucola oder Blattspinat)
1 halbe rote Peperoni
ein wenig Daikon
(zu ersetzen mit mildem Rettich)
1 Peperoncini
1 Frühlingszwiebel

SAUCE (PONZU)
1 Zitrone
1 Limette
100 ml Mirin
200 ml Sojasauce
1 Stück Kombu
(zirka 10 × 10 cm,
überschüssiges Salz abgewischt)

Naoki Miyake
vom Restaurant
WAS in Kyoto

Für die Sauce pressen Sie eine Limette und eine Zitrone aus. Vom Saft verwenden Sie 100 Milliliter. Vermischen Sie Mirin mit dem Zitrussaft und erhitzen das Ganze in einem Topf. Danach alles abkühlen lassen, die Sojasauce dazugeben und alles gut vermischen. Füllen Sie die Sauce mit dem Stück Kombu in eine Flasche. Schneiden Sie die Zwiebel in feine Streifen. Lassen Sie die Butter in einer Pfanne kurz aufschäumen und braten Sie den Lachs, die Jakobsmuscheln und die Zwiebel ganz sanft zirka drei Minuten von jeder Seite an. Die Butter sollte nicht zu braun werden. Der Lachs, die Jakobsmuscheln und die Zwiebel werden mit der warmen Butter auf einem Teller serviert, mit Fleur de Sel bestreut und mit der fein geschnittenen Peperoni und dem Mizuni dekoriert. Reiben Sie den Rettich und die Peperoncini fein, schneiden Sie die Frühlingszwiebel ganz fein und servieren Sie das Gericht zusammen mit der Sauce.

Sake no mushini

KOYA-SAN

Laut Statistik bezeichnen sich in Japan rund 85 Prozent der Bevölkerung als Buddhisten, und 90 Prozent als Shintoisten. Das ist seltsam. Es wird noch seltsamer, wenn man im privaten Umfeld Japaner nach ihrer Religionszugehörigkeit fragt. Plötzlich wollen die meisten Atheisten sein. Die auf den ersten Blick nicht entschlüsselbare Statistik hat ihren Ursprung wohl in der Vermischung der zwei Glaubensrichtungen. Im Toten- und Ahnenkult, der im Alltag einen hohen Stellenwert hat, richtet man sich nach dem Buddhismus. Für die diesseitigen Zeremonien hingegen wendet man sich dem Shintoismus zu. Der Shinto ging aus einer animistischen Glaubensrichtung der Ainu, von Japans Urbevölkerung, hervor. Es ist der Glaube an die Götter Japans und an die Kräfte der Natur. „Kami", die Gottheiten, finden sich überall in der Natur. In einem Wasserfall, einem besonders imposanten Baum oder auch einem Vulkan. Diesen Erscheinungen der Natur wird mit Schreinen gehuldigt, die somit meist an den landschaftlich schönsten Ecken stehen. Der Shintoismus kennt keine Dogmen, keine heilige Schrift, aber eben auch keine Jenseitsvorstellungen. Da kommt in Japan der Buddhismus zum Zug. In den meisten Haushalten stehen buddhistische Altäre mit Gedenktafeln für verstorbene Familienangehörige, zu denen Gaben – Blumen, Speisen und Getränke – gebracht werden. So ist der japanische Alltag oft sehr viel religiöser als der westliche. Ihres großen Sinns für Spiritualität scheinen sich die Japaner jedoch nicht bewusst zu sein; vermutlich, weil die Grenze zwischen dem Sakralen und dem Profanen in Japan meist nicht scharf gezogen wird.

In den Bergen südlich von Osaka liegt Koya-San, eine wichtige Pilgerstätte der Anhänger der Shingon-Schule des japanischen Buddhismus. Rund eine Stunde benötigt die Eisenbahn von Osaka nach Gokurakubashi, wo sich die Talstation einer Standseilbahn befindet. Die bringt die Besucher in ein paar Minuten auf den Berg. Da ein Ausflug zum Berg nur schwer in einem Tag zu bewältigen ist, übernachten die meisten Besucher in einem der rund 120 Tempel. Gastgeber sind buddhistische Mönche. Die meisten Klöster sind vom Verfall bedroht, und die Mönche daher auf die Einkünfte durch die Pilger und Touristen angewiesen. Sie bewirten die Gäste mit einer traditionellen Küche, und wie es ihnen ihr Glaube vorschreibt, rein vegetarisch. Auf diesem Hochplateau zwischen acht Berggipfeln begründete vor fast 1200 Jahren der pilgernde Priester Kukai, nach seinem Tod auf Koya-San ehrenvoll Kobo Daishi genannt, den Shingon.

Auf dem Weg zum wichtigsten Tempel von Koya-San führt ein 24 Kilometer langer Pilgerweg vorbei am Mausoleum des Gründers durch einen uralten, unendlichen Zedernwald und Oku-no's, den größten Friedhof des Landes. Das Licht der Sonne bricht durch Bäume auf die Grabsteine und wird durch den feinen Nebel zu einem blendenden Fächer geteilt. Es ist ein magischer Ort. Manche der Gräber sind Hunderte von Jahren alt. Hier begraben zu sein, gilt als großes Privileg. Wurden früher in erster Linie die sterblichen Überreste von Kaisern, Shogunen, von besonders populären Kabuki-Schauspielern und anderen großen japanischen Persönlichkeiten bestattet, haben heute auch immer mehr große Firmen einige Parzellen reserviert für ihre wertvollsten Mitarbeiter. An vielen Gräbern werden den Toten Gaben gebracht, oft Orangen oder ein paar Münzen. Die Statuetten des Schutzgottes Jizo stehen überall. Im Andenken an die zu früh gestorbenen Kinder werden sie in rote Lätzchen und gestrickte Mützen gekleidet. Selten hört man den Klang einer Trommel oder eines Gongs. Es herrschen die stillen Geräusche des Waldes oder, sobald man sich einem Tempel nähert, die repetitiven Gebete der Mönche. Und der Geruch von Zedern und Weihrauch.

霊域地

江州膳所本多俊

TEMPURA

TEMPURA

Tempura) Im späten 16. Jahrhundert richteten die Spanier und Portugiesen ihre ersten Missionen im südlichen Japan ein. Nebst dem Glauben brachten sie „fritto misto" mit, und damit die erste wirklich fetthaltige Speise Japans. Heute gehört Tempura in Japan zu einer der populärsten Zubereitungsarten. Obwohl große Tempura-Köche den Status von Künstlern und Wissenschaftlern genießen, ist die Zubereitung einfach genug, um mit ihr auch zu Hause erfolgreich zu sein.

Der Teig) Der Teig besteht nur aus Mehl, Ei und Wasser und wird unmittelbar vor dem Frittieren zubereitet. Das Mehl wird gut gesiebt und über Nacht in den Kühlschrank gestellt. Auch das Wasser sollte eisgekühlt sein. Da Tempura nur eine leichte, lockere Panade erhalten sollte und auf keinen Fall eine Teig-Ummantelung, sollte der Tempurateig nie richtig verrührt werden und unbedingt klumpig bleiben. Die Zutaten sollten leicht verbunden sein, aber auf keinen Fall gemixt werden. Daher eignen sich Kochstäbchen oder eine Gabel zum Verrühren des Teigs viel besser als ein Schwingbesen.

Das Öl) Zum Frittieren können Sie ein Pflanzenöl, zum Beispiel ein Sonnenblumen- oder ein Erdnussöl verwenden. Oft wird das Pflanzenöl auch mit der gleichen Menge kalt gepresstem Sesamöl kombiniert. Entscheidend ist die Temperatur. Sie liegt bei 170 Grad. Sollten Sie mit einem Wok statt mit einer Friteuse arbeiten, können Sie mit einem Tropfen des Teigs die Temperatur kontrollieren: Der Tropfen sollte unter die Oberfläche des Öls abtauchen, ohne den Boden zu berühren, und dann die Oberfläche wieder erreichen, während das Öl an seinen Rändern blubbert. Erreicht der Teigtropfen den Boden, ist das Öl zu kalt, taucht er nicht ein, ist es zu heiß.

Zutaten) Frittiert werden nebst Gemüse und Kräutern auch kleine Stücke von Fischen, Streifen von Kalmaren und natürlich Garnelen. Alle Zutaten müssen vor dem Frittieren gut trockengetupft werden.

TEMPURA AUF REIS

REZEPT 30

SAUCE
250 ml Dashi
1 getrockneter Shiitake-Pilz
80 ml helle Sojasauce
80 ml Mirin

TEMPURA
8 rohe Garnelen in der Schale
1 roher Kalmar
100 g Fischfilet
1 Aubergine
1 Süßkartoffel
8 Shiitake-Pilze oder weiße Champignons
100 g Mehl
Pflanzenöl und Sesamöl zum Frittieren
400 g Reis
1 Ei, verrührt
250 ml Wasser, eisgekühlt
150 g Mehl, gesiebt,
über Nacht in den Kühlschrank gestellt
100 g Daikon, geschält und gerieben
2 cm Ingwer, geschält und gerieben

Meist wird Tempura auf einem Stück Papier serviert, es soll das überschüssige Fett aufsaugen. Dazu gibt's eine Dip-Sauce und ein wenig geriebenen Daikon und Ingwer. Tempura kann aber auch auf einer Schale Reis als eine Hauptmahlzeit zubereitet werden. Die Tempurastücke werden dann kurz in der Sauce gedippt, bevor sie auf dem Reis serviert werden.

Für die Sauce legen Sie den getrockneten Shiitake-Pilz im Kühlschrank über Nacht in Dashi ein. Pressen Sie ihn danach aus, er wird für dieses Gericht nicht mehr verwendet. Erhitzen Sie das Dashi mit der Sojasauce und dem Mirin und stellen alles beiseite.

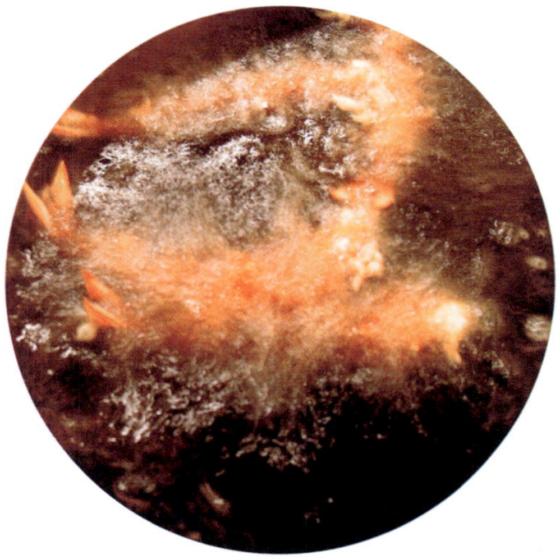

Schälen Sie die Garnelen bis auf den Schwanzfächer, waschen Sie sie und entfernen Sie den Darm. Den Kalmar waschen Sie ebenfalls und schneiden ihn in briefmarkengroße Quadrate, nachdem Sie seine weiche Außenseite rautenförmig eingeschnitten haben. Das Fischfilet schneiden Sie ebenfalls in mundgerechte Stücke. Die Aubergine vierteln Sie. Schneiden Sie den größten Teil des Fleisches weg, gebraucht wird nur die Haut mit einer dünnen Fleischschicht. Halbieren Sie die vier Teile noch einmal. Die Süßkartoffel wird geschält und in zwei bis drei Millimeter dünne Scheiben geschnitten. Entfernen Sie bei den Pilzen die Stiele und schneiden Sie mit einem Messer ein Kreuz in die Hüte.

Falls Sie Tempura mit Reis servieren wollen, kochen Sie diesen wie auf Seite 9 beschrieben.

Während Sie das Öl in einem Wok oder in der Fritteuse erhitzen, streichen Sie für den Teig das Ei durch ein Sieb in das eisgekühlte Wasser. Verrühren Sie es mit ein paar wenigen Schlägen, sieben das Mehl dazu und heben es mit einer Gabel oder mit Kochstäbchen leicht unter. Auf keinen Fall richtig verrühren, der Teig sollte leicht klumpig bleiben. Nun wird alles neben dem Wok oder der Fritteuse vorbereitet: Fisch, Garnelen, Kalmar und die Gemüse werden gut abgetupft auf einer Platte bereitgestellt, daneben stehen eine Schale mit dem Mehl und eine weitere Schale mit dem Teig. Eine flache Schüssel kleiden Sie zum Abtropfen der fertigen Stücke mit Küchenpapier aus.

Wenn das Öl 170 Grad heiß ist, beginnen Sie mit den Gemüsen: Dippen Sie sie kurz im Mehl, schütteln das überschüssige Mehl gut ab und tunken Sie danach die Gemüse in den Teig. Dann lassen Sie sie ins heiße Öl gleiten und frittieren sie in etwa drei bis fünf Minuten hellgolden. Lassen Sie die Stücke gut abtropfen. Verfahren Sie danach gleich mit dem Fisch und den anderen Zutaten. Frittieren Sie nur wenige Stücke auf einmal. Sie können den Teig zwischendurch ganz schwach verrühren, damit er gebunden bleibt.

Servieren Sie die Tempura unbedingt heiß, entweder auf einem Stück Papier und mit einer Schale Sauce und ein wenig geriebenem Daikon und Ingwer, oder dann auf einer Schale Reis mit der Sauce.

Tempura
Donburi

GRÜNTEE

Die Grünteeplantage „Honoyama“ in den Bergen bei Shizuoka. Hier wird nach den strengen Normen der Japan Agricultural Society der „Yama-no-cha“ hergestellt, der „Tee vom Berg“.

GRÜNER TEE IN JAPAN

Peter Oppliger, geb. 1940, dipl. Drogist ESD, ist Spezialist für Naturheilkunde und gilt als Kenner der Grünteekultur. Er ist Autor zahlreicher Bücher. Die von ihm importierten Tees gehören zu den besten, die bei uns erhältlich sind. Er lebt in der Nähe seiner Grünteeplantage im Tessin. (www.peter-oppliger.ch)

Wir sind in den Bergen westlich von Shizuoka unterwegs zu einer ganz besonderen Grünteeplantage. „Honoyama“ heißt sie. Hier wird der „Yama-no-cha“ hergestellt, der „Tee vom Berg“. Hauptabnehmer dieses exklusiven Produktes ist Peter Oppliger, ein Schweizer „Teephilosoph“, so seine Berufsbezeichnung. Der Anfang dieser Geschichte liegt aber nicht in Japan und einige Jahre zurück. 1964 reist Peter Oppliger nach Indien. Mehrere Monate durchquert er hauptsächlich den traditionsreichen, märchenhaften Norden des Landes, besucht Klöster und heilige Stätten. Er besucht hinduistische und buddhistische Mönche, denn seine Reise soll nicht nur ein Abenteuer sein, sondern auch eine Suche nach der „Wahrheit“. Die endgültige Wahrheit findet er zwar nicht. Aber er findet den Zugang zu den Teeplantagen der Klöster. Das ist seine erste Begegnung mit der Teepflanze, der Camellia sinensis. In den indischen Plantagen werden die Teeblätter zu dieser Zeit – ganz in der Tradition der englischen Kolonialisten – hauptsächlich zu Schwarztee verarbeitet. Der „English Tea“ gilt als ein Genussmittel, die gesundheitsfördernde Wirkung des Tees ist zweitrangig. Fasziniert von der Teepflanze, findet Peter Oppliger Jahre später den Weg zum wirklich gesunden Tee, nach Japan.

Das Blatt der Teepflanze ist der Rohstoff sowohl für den Grünen wie auch für den Schwarzen Tee. Bei der Herstellung des Schwarzen Tees werden fast alle gesunden Wirkstoffe zerstört oder verändert. Im Grünen Tee bleiben sie vollständig erhalten. Die japanische Methode, die Blätter gleich nach der Ernte kurz zu dämpfen, verhindert jede Fermentation und Oxidation, und das Blatt behält auch bei der weiteren Verarbeitung (Trocknen, Rollen) alle seine Wirkstoffe. Die Blätter werden in verschiedenen Stadien des Wachstums und in verschiedenen Jahreszeiten gepflückt: Das ist nebst der Verarbeitung entscheidend für die Teequalität – für das Aroma, den Koffeingehalt und das Verhältnis der vielen Inhaltsstoffe zueinander. So ist der Grüne Tee seit Jahrtausenden ein Genuss- und Heilmittel, das gerade auch vielen modernen Zivilisationskrankheiten vorbeugt.

Masaaki Tozaki, der stolze Besitzer der Honoyama-Plantage

Japan blickt auf eine eigene, ganz besondere Teegeschichte zurück. Über die Jahrhunderte wurde hier ausnahmslos Grüner Tee produziert, der in Japan als wichtiger Bestandteil der traditionellen Kultur und der Zen-Philosophie, aber auch des Alltags gilt. Auf eine ganz außergewöhnliche Art wurde die japanische Kultur durch die Teezeremonie geprägt. Der wohl berühmteste Teemeister der japanischen Geschichte, Son Rikyu, schuf diese vor etwa 450 Jahren. Sie hat sich bis heute kaum verändert. Es ist eine spezielle Kunstform der Teezubereitung und des Teegenusses. Mit dem grünen Matcha-Pulver sollen den Teilnehmern die vier Aspekte der Zen-Philosophie vermittelt werden:
WA (Harmonie), KEI (Respekt), SEI (Reinheit), JAKU (Ruhe und Gelassenheit).
Der Gast wird in einem Teehaus empfangen, wo ihm der Teemeister nach jahrelang studierten Regeln und Ritualen eine Tasse Tee zubereitet. Jede Bewegung des Meisters hat ihre Bedeutung. Obwohl für viele Japaner dieses choreographische Ritual im Alltag keine große Rolle mehr spielt, beginnt für die meisten mit Grünem Tee der Tag. Und mit einer Schale Reis und einer Tasse Tee beenden sie üblicherweise ihre Mahlzeiten.

Peter Oppliger befasst sich seit Jahrzehnten mit dem Grünen Tee. Die jahrelange Zusammenarbeit mit japanischen Teespezialisten, Teebauern und Plantagenbesitzern hat es ihm ermöglicht, exklusive Sorten ein- und weiterzuverkaufen. 2006 gründet er auf dem Monte Verità, oberhalb von Ascona, die einzige europäische Teeplantage und das japanische Teehaus „Casa del Tè“. Im Teehaus finden regelmäßig japanische Teezeremonien statt, und jeden Frühling wird auf der kleinen Plantage der Tee von seinen japanischen Freunden von Hand geerntet und verarbeitet. Peter Oppligers Schweizer „Tee vom Berg“ – gepflanzt auf dem Monte Verità, seinem „Berg der Wahrheit“.

Grünen Tee trinken) In Japan wird Grüntee in kleinen Kännchen (¼ Liter) zubereitet. Das Kännchen sollte mit heißem Wasser angewärmt werden, bevor man etwa zwei bis drei Teelöffel Teeblätter hineingibt. Dann gießt man das Wasser hinzu. Es sollte auf keinen Fall kochen, sondern je nach Teesorte nur etwa 50 bis 80 Grad heiß sein. Auf der Verpackung eines Grüntees sollte die ideale Wassertemperatur angegeben sein. Lassen Sie den Tee nicht länger als 2 bis 3 Minuten ziehen, bei gewissen Sorten reicht eine Minute. Gießen Sie dann den Tee schluckweise abwechselnd in die verschiedenen Tassen, so dass jede Tasse Tee am Schluss etwa die gleiche Farbe besitzt. Die meisten Tees können zwei- bis dreimal aufgegossen werden.

Bancha) Der Bancha (übersetzt „gewöhnlicher Tee") ist ein einfacher Alltagstee mit sehr niedrigem Koffeingehalt. In den meisten japanischen Restaurants wird er, in grüner Form als Bancha oder geröstet als Hojicha, meist kostenlos zu den Mahlzeiten serviert. Nachdem die Blätter des Sencha nachgewachsen sind, wird der Bancha im Juni und oft auch noch im August gepflückt. Zubereitet wird ein Bancha mit etwa 70–80 °C heißem Wasser bei einer Ziehzeit von ein bis zwei Minuten.

Masaaki Tozakis Mutter Fumiko serviert den Tee der Honoyama-Plantage.

Sencha) Der Sencha ist der am meisten konsumierte Grüntee in Japan, ein Alltagstee, aber auch in durchaus edleren Varianten erhältlich. Er wird wie der Bancha vollem Sonnenlicht ausgesetzt, jedoch als mittelgroße Blätter und früher als der Bancha gepflückt. Die Ernte beginnt im April. Zubereitet wird ein Sencha mit etwa 70 °C heißem Wasser bei einer Ziehzeit von zwei bis drei Minuten.

Genmaicha) Zur Herstellung von Genmaicha wird Bancha mit gerösteten Reiskörnern gemischt. Er ist wegen seiner Röstaromen auch bei Kindern sehr beliebt. Zubereitet wird er wie ein Bancha.

Gyokuro) Übersetzt heißt dieser Tee „edler Tautropfen". Er wird im Schatten kultiviert. Ganz zu Beginn des Frühlings werden die sehr jungen Blätter von Hand gepflückt. Er ist der Tee mit der höchsten Qualität und sehr koffeinreich. Zubereitet wird ein Gyokuro mit etwa 60 °C heißem Wasser bei einer Ziehzeit von etwa zwei Minuten.

Matcha) Matcha heißt „gemahlener Tee". Frisch gepflückte junge Teeblätter, im Schatten kultiviert, werden gedämpft, getrocknet und pulverisiert. Er wird vor allem in der Teezeremonie, aber auch zur Herstellung von Süßigkeiten verwendet. Matcha wird mit etwa 60 °C heißem Wasser übergossen und mit einem Bambusbesen schaumig geschlagen.

Kotaro Tanimoto, Vizepräsident der „Japan Tea Exporters' Association", erklärt die Weiterverarbeitung des Grüntees: Das Dämpfen der Teeblätter nach der Ernte verhindert jede Fermentation und Oxidation, und das Blatt behält auch bei der weiteren Verarbeitung (Trocknen, Rollen) alle seine Wirkstoffe.

MATCHA GRÜNTEE EIS

REZEPT 31

ERGIBT ETWA 700 ML

- 250 ml Milch
- 200 ml Vollrahm
- 100 ml heißes Wasser
- 10 g Matcha-Pulver
- 4 Eigelb
- 100 g Zucker

Normalerweise begegnet man dem Matcha-Tee ausschließlich im Rahmen einer klassischen japanischen Teezeremonie. Mit dem Pulver (Matcha bedeutet „gemahlener Tee“) werden in Japan aber auch Süßspeisen hergestellt. Für Eis eignet es sich besonders gut. Die leuchtend grüne Farbe und der tiefe, aromatische Geschmack ergeben ein wunderbares Resultat.

Schlagen Sie die Hälfte des Zuckers mit den 4 Eigelben in einer Schüssel schaumig. Die andere Hälfte erhitzen Sie mit der Milch und dem Vollrahm, bis sich der Zucker vollständig aufgelöst hat. Verrühren Sie das Matcha-Pulver im heißen Wasser mit einem Schwingbesen und geben Sie es zur restlichen Flüssigkeit. Diese wird nun noch einmal vorsichtig erhitzt und dann langsam und unter ständigem Rühren zur Eigelbmasse gegeben. Diese über einem heißen Wasserbad warm und cremig schlagen, bis die Masse leicht bindet. Nun kühlen Sie das Ganze möglichst schnell ab, am besten in einem Eisbad. Entweder geben Sie die Masse nun in eine Eismaschine, was natürlich die schönsten Resultate ergibt, oder Sie stellen sie in einer kältebeständigen Form 5 bis 6 Stunden in den Tiefkühler. Dabei sollten Sie jedoch das Eis alle 30 Minuten mit einer Gabel gut durchrühren, damit sich keine großen Eiskristalle bilden können.

Matcha Aisukrimu

TOFU

KAZUNARI MIYAKE TOKIO

Kazu und Taka haben einen Traum. „Die ersten Schritte sind getan, wir kommen ihm näher“, sagt Kazu. Nahe beim Geburtsort der Brüder steht ein Hügel. Auf diesem Hügel haben sie ein Haus gebaut. Taka ist Architekt. „Man sieht den ganzen Tag die Sonne, vom Aufgang bis zum Untergang. Man hat einen wunderbaren Ausblick über unsere Stadt, und weit hinten sieht man das Meer.“ Irgendwann soll in diesem Haus ihr Traum verwirklicht und ihr Restaurant eröffnet werden. Im Garten sollen die Tomaten wachsen und all die anderen Gemüse, die sie in der Küche verwenden wollen. Vorläufig aber wohnen hier ihre Eltern.

Kazunari Miyake, alle nennen ihn Kazu, hat Betriebswirtschaft studiert. Sein Vater aber war der Ansicht, dass dieses Studium ohne konkrete betriebswirtschaftliche Erfahrung nutzlos sei. „Mein Vater kannte einen Unternehmer. Der besaß mehrere Restaurants. Er wollte in Tokio ein Tofu-Restaurant eröffnen; diese Filiale sollte ich leiten“, erzählt Kazu. Zum Schluss leitete er die Filiale nicht nur, er kreierte die Speisekarte und stand als Chefkoch in der Küche. „Ich habe schon immer gekocht. Meist besser als gerechnet.“ Und er bediente die monströsen, auf Hochglanz polierten Maschinen zur hauseigenen Tofuproduktion.

Die japanischen Tofugerichte strafen alle Europäer Lügen, die Tofu als geschmackloses, schwammiges Unding aus der Küche verbannen möchten. Tofu brillierte auch in Kazus Küche als Geschmacksträger mit den unwahrscheinlichsten Konsistenzen. Das Restaurant florierte, doch inzwischen steht ein anderer Koch am Herd. Kazu arbeitet derweil für ein Magazin des Landwirtschaftsministeriums und verdient so ein bisschen Geld, um seinen Traum zu verwirklichen.

Wir blättern mit Kazu und Taka in einem Buch, in dem alle japanischen Gemüse genauestens beschrieben sind. Mit leuchtenden Augen erklären uns die Brüder alles über den Anbau und die Aufzucht dieser Gemüse. Es ist, als hätten sie sie bereits gepflanzt.

FRITTIERTER TOFU AN BERNSTEIN SAUCE

REZEPT 32

- 250 g weicher Tofu (Seidentofu)
- 1 Aubergine
- 8 milde grüne Pfefferschoten (shi shi to)
- 200 g Daikon oder europäischer Rettich
- 1 Peperoncini
- 1 Frühlingszwiebel
- 1 Nori-Blatt
- 500 ml Erdnussöl zum Frittieren
- Salz
- 50 g Mais- oder Kartoffelstärke
- 200 ml Dashi
- 4 EL Soja-Sauce
- 4 EL Mirin

Bei der Gerinnung von Sojamilch entsteht Frischkäse, der zur Herstellung von Tofu gebraucht wird. Die verschiedenen Tofus unterscheiden sich in erster Linie in ihrer Konsistenz. Die wird durch den Druck auf den Frischkäse definiert. Der sehr weiche und feine Tofu wird Seidentofu genannt, der etwas festere Baumwolltofu. Guten Tofu kriegt man in asiatischen Lebensmittelläden, aber auch in Reformhäusern. Im Kühlschrank in einem mit Wasser gefüllten Behältnis gelagert, hält er ein paar Tage. Das Wasser muss jeden Tag gewechselt werden.

Nehmen Sie den Seidentofu vorsichtig aus dem Behälter, teilen Sie ihn in vier gleich große Portionen und wickeln Sie ihn in Haushaltspapier ein, um die überschüssige Feuchtigkeit aufzusaugen. Die Aubergine schneiden Sie der Länge nach in acht schmale Spalten. Den Rettich und die Peperoncini mit der feinsten Reibe zu einem rosa Mus reiben, ein wenig auspressen und beiseitestellen. Von der Frühlingszwiebel verwenden Sie nur das Grüne, hacken es in dünne Streifen. Das Nori-Blatt ebenfalls in dünne Streifen schneiden. Für die Bernsteinsauce mischen Sie Dashi, Sojasauce und Mirin.

Das Erdnussöl wird in einer Pfanne oder einem Wok auf zirka 180 Grad erhitzt. Nun salzen Sie die Tofuportionen leicht und wenden diese in der Stärke, um sie dann vorsichtig ins heiße Öl gleiten zu lassen. Der Tofu wird nun 5 bis 7 Minuten frittiert, dabei einige Male gewendet, bis er außen hellbraun und knusprig ist. Auf Küchenpapier abtropfen lassen. Die Aubergine und die grünen Pfefferschoten auch in der Stärke wenden und etwa 2 Minuten, die Pfefferschoten nur etwa eine halbe Minute frittieren. Ebenfalls auf Küchenpapier abtropfen lassen. Die frittierten Gemüse richten Sie nun mit dem Tofu in einem tiefen Teller an, geben etwas Sauce dazu und garnieren alles mit dem Daikon, der Frühlingszwiebel und den Nori-Streifen.

Agedashi Dofu

Atsuage Dofu

REZEPT 33

FRITTIERTER TOFU MIT DAIKON

500 g fester Tofu
(Schwamm- oder Baumwolltofu)
300 g Daikon oder europäischer Rettich
1 Frühlingszwiebel
500 ml Erdnussöl zum Frittieren
Salz
50 g Mais- oder Kartoffelstärke
wenig Sojasauce

Kazu verwendet für dieses Rezept den etwas festeren Schwamm- oder Baumwolltofu. Oft wird dafür aber auch der weiche Seidentofu genommen und dann in einem Dashifond serviert. Ein ganz simples Gericht, das oft in den Izakayas, den einfachen japanischen Kneipen, zum Bier oder Sake serviert wird.

Nehmen Sie den Tofu aus dem Behälter, teilen Sie ihn in vier gleich große Portionen. Das sollte Blöcke von etwa 6 × 4 × 4 cm ergeben. Tupfen Sie die überschüssige Flüssigkeit ab. Den Rettich mit einer sehr feinen Reibe zu einem Mus reiben, ein wenig auspressen und beiseitestellen. Von der Frühlingszwiebel verwenden Sie nur das Grüne, schneiden es in dünne Streifen. Das Erdnussöl wird in einer Pfanne oder einem Wok auf zirka 180 Grad erhitzt. Nun salzen Sie die Tofuportionen leicht und wenden sie in der Stärke, um sie dann vorsichtig ins heiße Öl gleiten zu lassen. Der Tofu wird nun 7 bis 9 Minuten frittiert und dabei einige Male gewendet, bis er außen hellbraun und knusprig ist. Auf Küchenpapier abtropfen lassen. Schneiden Sie die Tofublöcke in jeweils drei bis vier Scheiben und richten Sie sie mit dem Rettich und der Frühlingszwiebel an. Wenn Sie mögen, geben Sie etwas Sojasauce über den Rettich.

TOFU FRÜHLINGSROLLEN AN MISO SAUCE

REZEPT 34

100 g Tofu (Baumwoll- oder Seidentofu)
1 Karotte, geschält und geraffelt
150 g roher Thunfisch, Sashimiqualität
50 g (eine große Hand voll) Mizuna oder Rucola
4 Reispapiere
1 Tomate, geviertelt, zur Dekoration
4 Zitronenscheiben zur Dekoration
wenig Wasabi, Pfeffer und Salz

1 Ei
125 g helles Miso
4 EL Zucker
2 EL Mirin
1 EL Sake
2 EL Reisessig
1 EL Zucker

Für die Sauce verrühren Sie das Ei, Miso, Zucker, Mirin und Sake in einem Topf. Lassen Sie das Ganze leicht simmern, bis die Sauce ein wenig eingedickt ist. Dann geben Sie den Reisessig und den restlichen Zucker bei, verrühren alles gut und lassen es auskühlen. Schneiden Sie den Thunfisch in längliche, zirka 5 bis 10 Millimeter dicke Stifte. Sollten Sie Baumwolltofu verwenden, verfahren Sie genauso. Mizuna oder Rucola gut waschen und abtropfen lassen. Das Reispapier legen Sie kurz in warmem Wasser ein und breiten es dann zwischen sauberen Küchentüchern aus. Nun legen Sie in der Mitte, über die ganze Breite des Reispapiers, eine Bahn von Thunfisch, eine weitere Bahn von Tofu, eine Bahn von der geraffelten Karotte sowie eine Bahn von Mizuna oder Rucola aus. Der Mizuna darf auch etwas über das Reispapier hinausschauen. Streichen Sie etwas Wasabi auf den Fisch und wenig Salz und Pfeffer über alles. Nun legen Sie die eine freie Reispapierseite über die Einlagen auf die andere freie Seite und rollen das Papier vorsichtig zusammen. Halbieren Sie die Rolle mit einem angefeuchteten Messer in einem geraden Schnitt, die entstandenen Hälften halbieren Sie erneut, nun mit einem diagonalen Schnitt. Die vier Teile richten Sie mit der Tomate und der Zitronenscheibe auf einem Teller an und geben etwas Sauce dazu. Verfahren Sie genauso mit den restlichen drei Blatt Reispapier.

Tofu Harumaki

TAKOYAKI
MINATOYA

OKTOPUS KUGELN

REZEPT 35

FÜR ZIRKA 15 BIS 18 STÜCK

- 100 g Mehl
- 300 ml Dashi
- 1 Ei
- 100 g gekochter Oktopus
- 4 EL Agedama/Tenkasu (Teigresten aus Tempuraherstellung)
- 1 Frühlingszwiebel, der grüne Teil
- Sosu (Rezept unten)
- Mayonnaise
- 1 Blatt Nori
- Katsuoboshi (Flocken von getrocknetem Bonito)
- Sonnenblumenöl

SOSU

- 2 EL Tomatenpüree
- 2 EL Tomatenketchup
- 80 ml Worcestershire-Sauce
- 3 EL Sojasauce
- 1 TL Zucker
- 8 EL Dashi
- 1 TL Reisessig
- 1 TL Senf

Takoyaki heisst „gebratener Oktopus" und ist ein beliebter Snack, der in Japan an Straßenständen verkauft wird. Takoyaki zu Hause herzustellen, ist nicht schwierig, man braucht dazu jedoch die richtige Pfanne. Da der Teig beim Braten zu Kugeln geformt wird, sollte die Pfanne mit einzelnen, halbrunden Ausbuchtungen versehen sein. In Japan sind spezielle Takoyaki-Pfannen erhältlich, in Deutschland gibt es die Förtchen-Pfannen, um die holländischen Poffertjes herzustellen. Sie sind aber auch für Takoyaki geeignet. Sollten Sie eine gusseiserne Schneckenpfanne haben, können Sie auch die benutzen. Eigentlich können Sie alle möglichen Einlagen verwenden, die hier beschriebenen gehören zum Originalrezept. Aber auch Garnelen, frisch oder getrocknet, oder Gemüse eignen sich hervorragend. Serviert werden die Takoyaki meist im halben Dutzend, hemmungslos mit Bonito-Flocken, Nori-Algen, Mayonnaise und Sosu (einer speziellen Sauce) garniert und dann möglichst heiß gegessen.

Kochen Sie den Oktopus wie im Rezept auf Seite 140 beschrieben, lassen Sie ihn komplett auskühlen und schneiden Sie ihn in kleine Stücke. Die Frühlingszwiebel schneiden Sie in dünne Ringe. Verrühren Sie in einer Schüssel das gesiebte Mehl, die 300 ml Dashi und das Ei zu einem homogenen Teig. Die Pfanne mit wenig Sonnenblumenöl auspinseln und erhitzen. Mittlere bis starke Hitze eignet sich am besten. Nun füllen Sie jede Mulde halbvoll mit dem Teig und geben rasch in jede Mulde etwas Oktopus, Frühlingszwiebel und Agedama. Die Mulden auffüllen, auch etwas Teig in den Zwischenräumen verteilen. Sobald der Teig zwischen den Mulden fast fest ist, häufen Sie ihn mit Stäbchen auf die jeweils nächste Mulde. So werden die Zwischenräume vom Teig befreit, und auf den Mulden entstehen kleine Hügel. Jetzt werden die Takoyaki langsam fest und können nun, wieder mit Stäbchen, vorsichtig in der Form gewendet werden. Sobald auch die Rückseite fest ist, können die Kugeln etwa 2 bis 3 Minuten weitergedreht werden, bis sie schön rund und knusprig hellbraun sind. Innen sollten sie aber cremig bleiben. Dann sofort mit Mayonnaise, Sosu, dünnen Nori-Streifen und Bonito-Flocken garnieren und servieren.

Sosu) Sosu ist eine japanische Sauce, die am ehesten noch mit Worcestershire-Sauce vergleichbar ist, und wird meist als Fertigprodukt gekauft. Die hier beschriebene Okonomiyaki-Sauce eignet sich aber perfekt und ist sehr einfach herzustellen. Alle Zutaten gut verrühren und in einem Topf bei mittlerer Hitze einkochen lassen. Sobald die Sauce die Konsistenz von Tomatenketchup erreicht hat, vom Herd nehmen und auskühlen lassen.

Takoyaki

SUZUKI

Tsuyama
2-14-7 Akasaka
Minatoku
Tokio 107-0052
Tel. 03 3583 5130

HIROMASA SUZUKI TOKIO

„Ich habe ihn nicht sofort wahrgenommen. Ich meine, als er bei uns, in unserem Restaurant, das heißt im Restaurant meines Vaters, zu arbeiten begonnen hat. Er ist ja auch viel jünger als ich, zu dieser Zeit war er erst 19 und ich schon 28. Und gekocht hat er natürlich auch noch nicht sofort. Er hat sich halt mit all den Arbeiten beschäftigt, die man anfangs so macht. Abwasch, Bodenputzen und so weiter. Ich habe auch kochen gelernt. Bei meinem Vater. So merkte ich, als Hiromasa dann zu kochen begann, sehr schnell, dass er darin richtig gut ist. Und dass er ein lieber Mensch ist. Und der richtige Nachfolger für meinen Vater. Das sah auch mein Vater so."

„Sie hat mich ausgewählt! Ich war 19, und meine Reise vom Norden Japans nach Tokio galt eigentlich nur der Ausbildung – so dass ich später das Sushirestaurant meines Vaters in Hokkaido übernehmen könnte. Darum musste ich ihn zuallererst überzeugen, als ich die Tochter meines Patrons heiraten wollte. Um mit ihm zu reden, sind wir alle – ich, meine zukünftige Frau Junko und mein Patron und zukünftiger Schwiegervater – in den Norden gereist. Unsere Väter haben lange diskutiert, und schließlich durften wir heiraten. Um die Tradition dieses Ortes gebührend weiterzuführen, habe ich mit der Ehe den Namen meiner Frau angenommen. Das ist für mich eine große Ehre. Aber auch eine Verpflichtung; nämlich, die Gerichte genauso gut zu kochen wie mein Schwiegervater. In seinem Namen."

„Ich wünsche mir Seife, mit der man viel mehr und viel größere Blasen machen kann."

Hiromasa Suzuki ist heute 33-jährig und führt mit seiner Frau das renommierte „Tsuyama" in Akasaka, Tokio. Zu ihren Stammgästen zählt der frühere japanische Premierminister Koizumi. Sie haben zwei Töchter, Kotomi (9) und Hitomi (4).

GEMÜSE SUPPE

REZEPT 36

50 g roher Bauchspeck vom Schwein, ohne Schwarte
2 Shiitake-Pilze
80 g Bambus
½ gelbe Karotte, geschält oder 80 g Udo
700 ml Dashi
2 EL Sake
½ EL Sojasauce (hell, Usukuchi)
wenig Mitsuba oder glatte Petersilie
Salz, Pfeffer

Im Originalrezept stünde an Stelle der gelben Rübe ein Stück fein geschnittenen Udos. Diesen werden Sie außerhalb Japans aber selten finden. Udo, ein riesiger weißer Strunk, ist wohl eines der wenigen Gemüse, die ursprünglich aus Japan stammen; es wird in vielen traditionellen Gerichten verwendet. Ähnlich wie bei uns der weiße Spargel wird Udo im Dunkeln kultiviert oder mit Erde aufgehäuft, um die weiße Farbe zu erhalten. Er wächst in Japans Bergen aber auch wild. Der Geschmack ähnelt am ehesten dem einer gelben Rübe.

Schneiden Sie den Bauchspeck, die Pilze, den Bambus und die Karotte in feine Streifen. Geben Sie den Speck in eine heiße Bratpfanne und löschen Sie sofort mit Dashi, Sake und Sojasauce ab. Sobald das Fleisch weiß geworden ist, geben Sie die Gemüse und ganz wenig Salz dazu und lassen das Ganze einmal kurz aufkochen. Servieren Sie die Suppe in einer Schale, dekorieren Sie mit der Petersilie und geben Sie etwas Pfeffer aus der Mühle dazu.

Sawani wan

Mushi-kago Bento

REZEPT 37

LUNCH IM INSEKTEN KÖRBCHEN

Um den Konzerten der Grashüpfer und Grillen zu lauschen, haben sich die Japaner schon vor mehr als 1000 Jahren Insektenkäfige gebaut. Hiromasa Suzuki verwendet sie, um darin seine Gerichte zu servieren. Der Inhalt der Körbe wechselt täglich, ein paar der abgebildeten Gerichte werden hier beschrieben. Sie können sie natürlich auch als einzelne Vorspeisen zubereiten. Was Sie in Ihre persönliche Bento-Box packen, ist alleine Ihnen überlassen.

4 Makrelenfilets
600 g weiße Miso
60 ml Mirin
60 ml Sake
Salz

Sawara Saikyo-yaki: mit Miso marinierte, gegrillte Makrele) Salzen Sie die Makrelenfilets und lassen Sie diese 20 Minuten ruhen. Dann werden diese gut gewaschen und trocken getupft. Mischen Sie Miso, Mirin und Sake und marinieren Sie die Fischfilets damit im Kühlschrank für 24 bis 48 Stunden. Dann werden die Fischfilets wieder gut abgewaschen und trocken getupft und im Ofen bei 200 Grad während 12 Minuten gegrillt.

200 g rohe Dorade (Sashimiqualität)
Salz
2 Stück Kombu
(ein wenig größer als der Fisch)
200 ml Dashi
60 ml Reisessig
1 EL helle Sojasauce
1 Prise Zucker
10 g Bonito-Flocken
wenig Mizuna oder Rucola

Tai Kobu-jime Mizuna-ae: marinierte rohe Dorade) Reiben Sie die Dorade auf beiden Seiten mit Salz ein und lassen Sie diese für eine Stunde ruhen. Dann wird diese gut gewaschen und trocken getupft. Waschen Sie nun den Kombu, legen Sie den Fisch zwischen die beiden Algenblätter und wickeln Sie das Ganze gut in Klarsichtfolie ein. So eingepackt, kommt die Dorade über Nacht in den Kühlschrank. Dashi, Reisessig, Sojasauce und Zucker werden in einem Topf erhitzt. Kurz vor dem Siedepunkt geben Sie die Bonito-Flocken dazu und nehmen den Topf vom Herd. Das Ganze lassen Sie nun abkühlen, bevor Sie es durch ein mit Küchenpapier ausgelegtes Sieb abgießen. Den über Nacht marinierten Fisch schneiden Sie in dünne Scheiben. Schneiden Sie die Mizuna- oder Rucolablätter fein und geben Sie diese und die ausgekühlte Sauce zum Dorade Sashimi.

150 g Dorschfilet
1 Ei, verrührt
250 ml Wasser
150 g Mehl
Pflanzenöl und
Sesamöl
zum Frittieren

Shirauo no Tempura: Tempura vom Dorsch) Schneiden Sie den Dorsch in kleine Stücke und bereiten Sie damit Tempura wie auf Seite 166 beschrieben.

6 grüne Spargel
100 g Rinderfilet
(dünn geschnitten)
Pfeffer, Salz, Sesamöl

Gyu-niku Aspara-yaki: Spargel im Rindfleisch) Schälen Sie das untere Drittel der grünen Spargel, schneiden Sie deren Enden ab und blanchieren Sie sie in leicht gesalzenem und leicht gezuckertem Wasser für wenige Minuten. Sie sollten unbedingt Biss behalten. Gießen Sie das Wasser ab und lassen Sie den Spargel auskühlen. Legen Sie jeweils drei Spargel aufeinander und wickeln Sie diese mit dem dünn geschnittenen Rindsfilet ein. Fixieren Sie das Fleisch mit einem Zahnstocher. Würzen Sie die Spargel-Fleisch-Päckchen mit Salz und Pfeffer und braten Sie diese in Sesamöl von allen Seiten gut an. Vor dem Servieren schneiden Sie die Päckchen in jeweils vier Portionen.

4 Eier und 1 Eigelb
80 ml Dashi
1 Prise Salz
2 TL Mirin
1 TL helle Sojasauce
1 TL Zucker

Tamago-yaki: Omelette) Vermischen Sie in einer Schüssel Dashi, Salz, Mirin, Zucker und die Sojasauce, bis sich der Zucker vollständig aufgelöst hat. Alles sollte Raumtemperatur haben. Rühren Sie die Eier ganz leicht dazu, auf gar keinen Fall sollten Sie diese schaumig schlagen. Geben Sie nun ganz wenig Sonnenblumenöl in eine Pfanne und verteilen Sie es gut mit einem Küchenpapier. Erwärmen Sie die Pfanne, lassen Sie das Öl jedoch nicht zu heiß werden, die Omelette soll nur stocken, nicht braun werden. In Japan wird für diese gerollte Omelette eine rechteckige Pfanne verwendet. Es funktioniert aber auch mit einer runden Bratpfanne. Versuchen Sie einfach nicht, den ganzen Pfannenboden mit der Masse zu bedecken. Geben Sie nun etwa ein Drittel der Masse in die Pfanne und lassen Sie diese stocken. Wenn die Masse knapp gestockt ist, rollen Sie die Omelette vorsichtig auf. Nun benetzen Sie den Pfannenboden wieder mit einem in Öl getauchten Küchenpapier und geben ein weiteres Drittel der Eimasse in die Pfanne. Heben Sie den bereits aufgerollten Teil ein wenig an, damit die frische Masse darunterfließen kann. Wenn das Ei erneut gestockt ist, wird die aufgerollte Masse über das gestockte Eibett zur anderen Seite aufgerollt. Mit dem letzten Drittel der Eimasse wiederholen Sie das ganze Prozedere. Zum Schluss pressen Sie die Omelettenrolle in einer Sushimatte in eine rechteckige Form und schneiden Sie sie in Scheiben. Sie wird meist kalt gegessen.

GESCHMORTER SCHWEINEBAUCH

REZEPT 38

- 700 g Schweinebauch (gut durchzogen, ohne Schwarte)
- 1–2 Liter Wasser
- 150 g Okara oder weißes Reiswasser
- 200 ml bis 400 ml Sake
- 200 ml bis 400 ml Wasser
- 4 EL Sojasauce
- 2 EL Zucker
- 100 g Gobo oder Schwarzwurzel
- 2 EL Zucker
- 100 ml Reisessig
- Senf

Nur um dieses Gericht zu essen, reisen die Japanerinnen und Japaner auch von weit her ins „Kappou Tsuyama" zu Hiromasa Suzuki. Das Geheimnis seines Rezepts steckt in der unendlich langen Schmorzeit, das Fleisch zerfällt förmlich zwischen den Essstäbchen. Bereiten Sie ruhig eine größere Portion zu – am nächsten Tag langsam aufgewärmt, schmeckt es fast noch besser. Die Qualität des Fleisches ist wegen seines hohen Fettgehaltes enorm wichtig. Nur glückliche Schweinchen schmecken in diesem Gericht auch so. Okara ist der Teig, der bei der Produktion von Tofu übrig bleibt, und wird in diesem Rezept als Weichmacher mitgekocht. Erhältlich ist Okara in vielen Reformhäusern. Okara soll auch helfen, dem Fleisch das Fett zu entziehen. Sie können aber auch das weiße Wasser verwenden, das beim Waschen von Reis entsteht, es soll eine ähnliche Wirkung haben. Gobo, die Wurzel der Klette, soll die Verdauung unterstützen und wird darum in Japan üblicherweise zu diesem Gericht serviert. Schwarzwurzel ist ein perfekter Ersatz, der Schweinebauch schmeckt aber auch ohne Gemüse.

Schneiden Sie vorsichtig die Schwarte vom Schweinebauch, achten Sie aber darauf, die obere Fettschicht zu erhalten. Teilen Sie das Fleisch in vier gleich große Stücke und braten Sie diese bei hoher Hitze auf allen Seiten an. Lassen Sie so möglichst viel Fett austreten. Kochen Sie ungefähr 1 bis 2 Liter Wasser in einem Topf mit dem Okara auf und legen Sie den Schweinebauch dazu. Der sollte knapp mit Wasser bedeckt sein. Lassen Sie das Wasser kurz aufkochen und schmoren Sie das Ganze nun bei zirka 130 Grad im Ofen für 4 Stunden ohne Deckel. Geben Sie nach der Hälfte der Schmorzeit allenfalls ein wenig Wasser hinzu.

Heben Sie den Schweinebauch nun vorsichtig aus dem Kochwasser und setzen Sie ihn in einen frischen, nicht zu großen Topf. Die Teile dürfen eng beisammen sein. Geben Sie halb Sake, halb Wasser dazu, der Schweinebauch sollte erneut knapp bedeckt sein, und schmoren Sie das Fleisch weitere 2 Stunden bei 130 Grad im Ofen. Geben Sie dann etwa 2 Esslöffel Zucker hinzu, gerade so viel, dass Sie eine leichte Süßigkeit spüren. Fügen Sie die Sojasauce bei und lassen Sie das Ganze noch etwa 10 Minuten weiterschmoren. Das Fleisch sollte nun über Nacht im Kühlschrank ruhen, so können Sie am nächsten Tag das Fett von der Oberfläche abschöpfen.

Schälen Sie Gobo oder die Schwarzwurzel, schneiden Sie diese in dünne Stäbchen und blanchieren sie in Wasser mit ein wenig Reisessig. Danach marinieren Sie die Gemüsestäbchen in der Zucker-Reisessig-Mischung für mindestens 1 Stunde. Wärmen Sie den Schweinebauch nun ganz langsam auf und servieren Sie ihn mit Sauce, ein wenig Gobo oder Schwarzwurzel und dem Senf. Die Sauce zum Schluss ohne das Fleisch noch ein wenig einreduzieren.

Buta no Kakuni

Tai-Chazuke

REZEPT 39

DORADE TEE UND REIS

200 g rohe Dorade (Sashimiqualität)
50 ml Sake
100 g weiße Sesamsamen
200 ml Sake
300 ml Sojasauce
1 Umeboshi
2 Nori-Blätter (in dünne Streifen geschnitten)
wenig Wasabi

4 Tassen Bancha- oder Sencha-Grüntee
(siehe Seite 170)

4 Portionen Reis
(siehe Seite 9)

Ein traditionelles japanisches Mahl endet üblicherweise mit einer Schale Reis und einer Tasse Tee. Bei diesem Gericht wird der Tee direkt in den Reis gegossen. Es existieren unzählige Variationen davon. Hiromasa Suzuki bereitet es mit roher Dorade in einer Sesamsauce zu. In dieser versteckt sich eine Umeboshi, eine eingelegte pflaumenähnliche japanische Frucht. Für den westlichen Gaumen ist diese ein wenig gewöhnungsbedürftig, Sie können sie auch getrost weglassen.

Schneiden Sie die Dorade in hauchdünne Scheiben und marinieren Sie den Fisch mit dem Sake für einige Minuten. Rösten Sie die Sesamsamen in einer Pfanne vorsichtig hellgolden und lassen Sie sie auskühlen, um sie dann grob zu mahlen. Für die Sesamsauce geben Sie nun den restlichen Sake in eine Pfanne und je nach Belieben eine Umeboshi dazu, und erhitzen das Ganze. Sobald der Sake aufkocht, entzünden Sie ihn, damit sich der Alkohol verflüchtigen kann. Geben Sie die Sojasauce dazu. Bevor Sie den gemahlenen Sesam beifügen, lassen Sie die Sauce auskühlen. Nehmen Sie den Fisch aus der Sakemarinade und mischen Sie ihn unter die Sesamsauce. Servieren Sie den Fisch verteilt auf vier kleine Teller, garnieren Sie ihn mit Nori-Blattstreifen und Wasabi. Den Reis und den Tee servieren Sie separat. Nun essen Sie den Fisch zuerst mit etwas Reis, bevor Sie den Reis mit dem heißen Tee übergießen und alles gemischt genießen.

Im Sake gedämpfte Dorade

Rezept 40

- 2 Doraden, filetiert
- 4 Stück Kombu
- 4 Scheiben Baumwolltofu
- 4 EL Sake
- 8 Shiitake-Pilze
- 1 Bund Hatakena oder junger Spinat / Pak Choi

- Kopf und Gräten der Dorade
- 1 Stück Kombu
- 1 Liter Wasser
- 1 EL Sake
- 1 EL helle Sojasauce

Hiromasa Suzuki serviert bei diesem Gericht nur den Kopf der Dorade. Sie können dieses Gericht aber selbstverständlich auch mit einem Filet der Dorade zubereiten. Lassen Sie sich dann aber die ganzen Fische bei Ihrem Händler filetieren und die Fischresten mitgeben. Damit kochen Sie den Fond. Am einfachsten dämpfen Sie den Fisch auf einem Teller in einem Bambuskörbchen, das Sie in einen mit kochendem Wasser gefüllten Topf oder einen Wok stellen. Sie können den Fisch aber auch in Alufolie wickeln und gut verschlossen bei 180 Grad im Ofen dämpfen. Hatakena ist das Grün einer japanischen Senfpflanze. Sie können es mit jungem Spinat oder Pak Choi ersetzen.

Für den Fond erhitzen Sie in einem Topf das Wasser mit den Fischresten und dem Kombu. Entfernen Sie unbedingt die Kiemen und Flossen vom Fisch, den Kombu reiben Sie kurz mit einem feuchten Tuch ab. Kurz bevor das Wasser kocht, entfernen Sie den Kombu. Lassen Sie den Fond nun eine halbe Stunde ziehen und schöpfen Sie jeweils den Schaum von der Oberfläche. Dann gießen Sie den Fond durch ein Tuch oder ein feines Sieb und reduzieren ihn bei mittlerer Hitze auf einen halben Liter ein. Geben Sie dann den Sake und die Sojasauce hinzu.

Blanchieren Sie die Gemüse kurz in heißem, leicht gesalzenem Wasser und schrecken Sie sie in Eiswasser ab und danach etwa 20 Minuten im abgekühlten Fond marinieren lassen.

Reiben Sie die Kombustücke mit einem feuchten Tuch ab und legen Sie sie etwa 10 Minuten in kaltem Wasser ein. Setzen Sie auf einem Teller jeweils ein Fischfilet auf ein Stück Kombu, und geben ein wenig Meersalz und den Sake auf die Fische. Legen Sie die Tofuscheiben zu den Fischen und dämpfen Sie alles für zirka zehn Minuten. Den Kombu werfen Sie nach dem Dämpfen weg.

Erhitzen Sie zum Schluss den Fond noch einmal, schöpfen Sie etwas davon mit dem Gemüse in vier tiefe Teller und geben jeweils ein Fischfilet und eine Scheibe Tofu dazu.

Tai kabuto Saka-mushi

Junko Suzuki und ihre
Mitarbeiterin verabschieden ihre
Gäste vor dem Restaurant.

Park Hyatt Tokio
3-7-1-2 Nishi Shinjuku
Tokio
Tel. +81 3-5322-1234
tokyo.park.hyatt.com

STEFAN MOERTH

PARK HYATT TOKIO

Man steht an einem der Fenster im 52. Stock des Park Hyatt Hotel in Tokio, und es ist ganz klar, warum sie hier sitzen musste. Scarlett Johansson, alias Charlotte. Im Bademantel, wie eingepackt in Watte, weich, warm und traurig. Was sie bedrohte, liegt weit unten, weit weg. Und vom Lärm der Stadt bleibt hier nichts übrig. Es herrscht Totenstille, abgesehen von einem leisen Surren der Aircondition. Charlotte wollte den Blick nicht lassen vom Gewusel weit unter ihr, vom Treiben der Ameisen. Nur nicht dazugehören. Lieber ganz weit weg sein, von den Möglichkeiten des Lebens, von denen es zu viele gibt, von diesen 10 Millionen Menschen. Lieber nur beobachten. Hier oben in diesen Türmen, scheint es, hat man sich notdürftig auf eine Sprache geeinigt, unten herrscht das Chaos. Tokio wird zum Hintergrund für alle Irrungen und Unmöglichkeiten der Kommunikation. 2002 drehte Sofia Coppola im Park Hyatt Hotel in Tokio den Film „Lost in Translation".

Stefan Moerth ist in Eile. Schon bald muss er zu seiner wöchentlichen Japanisch-Lektion. Der Österreicher ist „Executive-Chef" im Park Hyatt in Tokio und somit Dirigent im Turm zu Babel. Dirigent über 100 Köche, über mehrere Restaurants, Bars und eine Patisserie. Er erlebt hier täglich sein ganz persönliches „Lost in Translation". „Vielleicht wäre es einfacher, ich könnte Japanisch. Darum lerne ich hart, und manchmal auch vergeblich. Die meisten Missverständnisse hier oben beruhen nicht auf dem Sprachunterschied. Manchmal ist es zum Verzweifeln." Trotzdem bleibt er beeindruckt. Vom Land, von seiner kulinarischen Kultur, von diesem Hotel. Nur, um die Sprache zu finden, muss er seinen Turm verlassen.

Der Steirer arbeitete in unzähligen Sternerestaurants, unter anderen in Eckart Witzigmanns „Aubergine" in München. Nach Anstellungen in Mallorca, Marbella, Bangkok und Vietnam verschlug es ihn nach Tokio. Es ist die Liebe und die Sorgfalt, welche die Japaner ihren Produkten entgegenbringen, die ihn hier staunend weitermachen lassen. „Ich koche zum ersten Mal an einem Ort, an dem ich keine Produkte vermisse. Wenn ich hier eine Erdbeere koste, dann sind das die Erdbeeren meiner Kindheit. Dieser Geschmack ist in Europa verloren gegangen." Ein paar japanische Kräuter und Gemüse pflanze er inzwischen sogar in Österreich an, sagt er, um auch in der Heimat nicht auf sie verzichten zu müssen. Er scheint angekommen zu sein. Irgendwie. Sprachlos noch.

„Sometimes you have to go halfway around the world, to come full circle."
Das hat Sofia Coppola gesagt.

Stefan Moerth am Fenster der Suite,
in welcher Sofia Coppola 2002 „Lost in Translation“
mit Scarlett Johansson drehte.

MARINIERTER SAKURA MASU

REZEPT 41

FISCH MARINIEREN
- 1 Filet Sakura Masu
- 1200 g oder 4–6 Saiblingfilets
- 100 g Zitronengras, gehackt
- ½ TL Thymian
- 5 g Kümmel, gemahlen
- 1 Lorberblatt, feine Streifen
- 3 Lime-Blätter, feine Streifen
- 10 g schwarzer Pfeffer, gehackt
- 40 g Ingwer, gehackt
- 60 g Meersalz
- 60 g brauner Zucker
- 200 ml Zitronenolivenöl

ZITRONEN-MARINADE
- 1 Zitrone
- 1 Limette
- 200 ml Olivenöl
- 50 ml Traubenkernöl
- Salz, Pfeffer, Zucker

GEMÜSE-SALAT
- 1 Karotte, geschält, gewürfelt
- 2 Spargel grün, geschält, gewürfelt
- 1 Tomate, geschält, entkernt, gewürfelt
- 1 Zucchini, gewürfelt
- 1 Avocado, geschält, gewürfelt
- frischer Koriander, gehackt
- 4–5 EL Zitronenmarinade
- Meersalz, Pfeffer

SESAM-MAYONNAISE
- 1 Eigelb
- 3 EL Sesamöl
- 4 EL Traubenkernöl
- 10 g Dijon-Senf
- 10 g Reisessig
- Salz, Pfeffer, Zucker

DEKORATION
- 12 dünne Radieschen-Scheiben
- 4 kleine Mizuna-Salat-Bouquets (zu ersetzen mit Rucola)
- 8 Ciabatta-Chips, getrocknet
- 10 g braune und schwarze Sesam-Samen

Sakura Masu („Kirschblüten-Forelle“) ist eine rosafarbene, lachsähnliche Forellenart. Zur Kirschblüte hält sie sich in den Küstengebieten auf, und da wird sie gefischt. Sie können sie durch ein Silberlachsfilet oder mehrere Saiblingsfilets ersetzen. Vermischen Sie alle Zutaten für die Marinade und reiben den Fisch gut damit ein. In einem Plastikbeutel gut verschlossen, am besten vakuumiert, lassen Sie den Fisch nun im Kühlschrank für 48 Stunden marinieren. Danach waschen Sie die Marinade ab und lassen den Fisch gut trocknen. Schneiden Sie ihn wie einen Lachs in feine Scheiben.

Für die Zitronenmarinade pressen Sie die Zitrone und die Limette aus und mischen Salz, Pfeffer und Zucker dazu. Danach geben Sie das Olivenöl und Traubenkernöl dazu und lassen alles abgedeckt einen Tag im Kühlschrank stehen. Mixen Sie danach alles gut durch, es soll eine cremige Konsistenz bekommen. Für den Gemüsesalat schneiden Sie die Karotten, Spargel und Zucchini in 5 × 5 mm grosse Würfel. Die Gemüse kurz in Salzwasser blanchieren und in Eiswasser abschrecken. Das Gemüse soll unbedingt Biss behalten. Danach mischen Sie die Gemüse mit Koriander, Tomaten und Avocado, geben die Zitronenmarinade dazu und schmecken mit Salz und Pfeffer ab.

Für die Mayonnaise verrühren Sie das Eigelb und den Senf mit einem Schwingbesen gut. Alle Zutaten für die Mayonnaise sollten Zimmertemperatur haben. Das Öl unter Rühren zuerst tröpfchenweise zugeben, bis eine stabile Emulsion entsteht. Danach können Sie das Öl auch in einem sehr dünnen Strahl einrühren. Sobald die Mayonnaise richtig andickt, würzen und den Essig dazugeben. Richten Sie den geschnittenen Fisch mit dem Gemüsesalat auf einem Teller an, geben etwas Sesam-Mayonnaise dazu und dekorieren Sie das Gericht mit den Radieschen, dem Mizuna oder Rucola, etwas Sesam-Samen und dünnen, im Ofen getrockneten Ciabatta-Brotscheiben.

Im Zitronengras marinierter Sakura Masu auf Gemüse-Salat, mit Sesam-Mayonnaise

Glasierter Steinbutt auf Ochsenschwanz-Ragout an Yuzusauce

REZEPT 42

STEINBUTT AUF OCHSENSCHWANZ RAGOUT

OCHSENSCHWANZ-RAGOUT
1 Ochsenschwanz, 1800 g
30 g Mehl
Salz, Pfeffer
1 EL Öl
30 g Butter
500 g Zwiebel, geschält, geviertelt
150 g Perlzwiebeln, ganz
½ EL Tomatenmark
½ EL Olivenöl
125 g Madeira
250 g Rotwein
1 Karotte, 1 Stangensellerie, 1 Lauch,
Petersilienstiele, Thymian (als Bouquet gebunden)
1 Schildkrötengewürz (im Mörser zermahlen)
je 1 Messerspitze Kümmel und Fenchel
je 1 Prise Majoran, Curry und Oregano
je 1 TL Koriander
Samen und Senfkörner
50 schwarze und 30 weiße Pfefferkörner

YUZU-SAUCE
10 g Schalotten, gehackt
5 g Knoblauch, gehackt
20 g Butter
40 ml Weißwein
1 Zweig Thymian
80 ml Fischfond
Schalen von 2 Yuzu, blanchiert, gehackt
Saft von 2 Yuzu
20 g Honig
40 g kalte Butter

YURINE UND FAVA-BOHNEN
60 g Yurine, blanchiert, zerlegt
30 g Fava-Bohnen, blanchiert, halbiert
10 g Butter, Salz und Pfeffer

STEINBUTT
4 Steinbutt, je 80 g
10 g Olivenöl
20 g Butter
Salz, weißer Pfeffer
Kresse als Garnitur

Die Basis für dieses Gericht ist die beliebteste japanische Zitrusfrucht, die Yuzu. Den Saft erhält man meist in Flaschen abgefüllt in japanischen Lebensmittelläden. Am einfachsten ersetzt man ihn durch den Saft je einer Limette und einer Zitrone. Die Schale finden Sie vielleicht tiefgefroren, ansonsten ersetzen Sie sie am ehesten durch eine Satsuma- oder Mandarinenschale. Die Yurine ist eine Lilienwurzel und in Europa selten erhältlich; das Gericht funktioniert auch ohne. Das Schildkrötengewürz ist eine Gewürzmischung, die in Deutschland und Österreich zum Würzen von Ochsenschwanz, Gulasch und eben Schildkrötensuppe verwendet wurde, und besteht aus je 1 Messerspitze Kümmel, Majoran, Fenchel, Curry, Oregano, 1 TL Koriandersamen, 1 TL Senfkörner, 3 Gewürznelken, einem Zweig Thymian, 50 schwarzen und 30 weißen Pfefferkörnern. In vielen Feinkostläden ist das Schildkrötengewürz auch gemischt zu kaufen.

Schneiden Sie den Ochsenschwanz in Stücke und salzen und pfeffern Sie ihn. Danach wird er mit Mehl bestäubt und in einem Bräter in heißem Öl gut angebraten. Geben Sie die Butter und die Zwiebel zu, und schieben den Bräter in den auf 200 Grad vorgeheizten Ofen. Die Zwiebeln schmoren lassen, bis sie zerfallen. Dann das Tomatenmark in Olivenöl in einer Pfanne anschwitzen und auf den Zwiebeln verteilen. Alles mit dem restlichen Mehl bestäuben und verkrusten lassen, mit Madeira ablöschen und einkochen. Geben Sie den Rotwein in drei Etappen dazu und lassen Sie ihn einkochen. Das Gemüsebouquet beifügen und mit Wasser aufgießen. Nach und nach Wasser zugeben, so dass die Sauce die richtige Konsistenz erhält. Lassen Sie nun das Ganze für 2 Stunden bei 160 Grad weiterschmoren, bis sich das Fleisch vom Knochen löst. Nehmen Sie den Bräter aus dem Ofen, stechen Sie den Ochsenschwanz aus, lassen ihn leicht abkühlen und lösen das Fleisch ab. Probieren Sie die Sauce, geben Sie die Gewürze bei und geben Sie etwas Schildkrötengewürz zu. Lassen Sie die Sauce 30 Minuten bei kleiner Hitze langsam ziehen. Danach nochmals aufkochen und durch ein feines Sieb passieren. Vermengen Sie die Sauce mit dem Fleisch, so dass eine „Ragout"-Konsistenz entsteht. Für die Yuzu-Sauce werden nun die Schalotten und der Knoblauch in Butter glasiert. Löschen Sie mit Weißwein ab und lassen Sie das Ganze etwas einreduzieren. Den Thymian zugeben und mit Fischfond auffüllen, diesen zu drei Viertel einreduzieren lassen. Nun geben Sie den Yuzu-Saft und die gehackte Yuzu-Schale zu, würzen alles mit Salz, Pfeffer und Honig. Kurz vor dem Servieren montieren Sie die kalte Butter unter. Sautieren Sie die blanchierten und zerlegten Fava-Bohnen und die Yurine in Butter, würzen Sie mit Salz und weißem Pfeffer und stellen alles kurz warm. Würzen Sie den Steinbutt, und braten Sie ihn in heißem Öl von beiden Seiten an. Gießen Sie das Öl ab, geben die Butter dazu und lassen den Fisch sanft bräunen. Den Steinbutt danach im Ofen bei 200 Grad zirka 3 Minuten fertig garen. Geben Sie etwas Ochsenschwanz-Ragout auf einen Teller und setzen Sie den Fisch darauf. Nappieren Sie das Ganze mit Yuzu-Sauce und garnieren das Gericht mit den Gemüsen und der grünen und violetten Kresse.

RINDSSTEAK IN WASABI KRUSTE

REZEPT 43

WASABI-KRUSTE
- 100 g Paniermehl
- 50 g Butter
- 1 Eigelb
- Salz und Pfeffer
- 30 g frisch geriebener Wasabi oder
- 20 g frisch geriebener Meerrettich
- 10 g gehackte Petersilie

YAMAGATA RIB EYE
- 4 Yamagata Beef Rib Eye, je 120 g
- 10 g Sonnenblumenöl
- 20 g Butter
- Salz, Pfeffer
- 20 g Dijon-Senf

GEMÜSE-GARNITUR
- 4 Miyoga, blanchiert, halbiert
- 4 Fiddle Head (junge Farntriebe), blanchiert
- 8 kleine Kartoffeln, blanchiert, halbiert
- 20 g Butter
- Salz, Pfeffer
- 4 Stück Kirschtomaten, im Ofen gegart

MORCHEL-SAUCE
- 25 g getrocknete Morcheln
- 1 Stück Schalotte, gehackt
- 1 Stück Knoblauch, gehackt
- 10 g Olivenöl
- 10 g Butter
- 40 g Cognac
- 50 g Madeira
- 50 g weißer Portwein
- 250 g Kalbsjus
- Rosmarin, Thymian und Salbei, fein gehackt
- 30 g Sahne
- Salz und Pfeffer

Die Präfektur Yamagata, nordwestlich von Tokio, ist wie auch Kobe, Matsusaka oder Hida bekannt für die außerordentliche Fleischqualität der dort gezüchteten Rinder. Fleisch mit derart feiner Marmorierung ist in Europa nicht erhältlich. Das Rezept funktioniert aber auch mit europäischem Rind.

Schlagen Sie die Butter für die Wasabi-Kruste in einem Mixer ganz weiß, arbeiten Sie danach langsam das Eigelb ein und würzen Sie mit Salz und Pfeffer. Dann wird das Paniermehl, die Petersilie zugegeben und das Ganze gut vermischt. Zuletzt mit dem Wasabi vermengen und nochmals abschmecken. Würzen Sie die Steaks und braten Sie diese im Öl scharf an. Wenden Sie sie einmal, geben die Butter dazu und lassen das Fleisch sanft bräunen. Die Steaks sollen nur „rare", also innen noch roh, gebraten werden. Dann legen Sie das Fleisch auf ein Gitter und lassen es leicht abkühlen, bestreichen die Oberfläche mit Dijon-Senf und darauf, 3 Millimeter dick, die Wasabi-Kruste. Im vorgeheizten Ofen bei 200 Grad werden die Steaks nun noch etwa 4 Minuten fertiggegart. Vor dem Servieren sollten sie an einem warmen Platz noch 5 Minuten ruhen. Die Myoga-Sprossen und den Farn werden Sie in Europa kaum finden. Ersetzen Sie sie mit anderen Gemüsen, blanchieren Sie sie und sautieren Sie sie mit den ebenfalls blanchierten Kartoffeln und den im Ofen gegarten Kirschtomaten in der Butter an. Dann schmecken Sie alles ab und stellen es warm.

Die Morcheln lassen Sie über Nacht in kaltem Wasser einweichen. Wenn Sie am nächsten Tag das Wasser abschütten, gießen Sie 200 ml davon durch ein Sieb, und bewahren es für die Sauce auf. Die Morcheln werden nun in der Mitte durchgeschnitten und gut ausgewaschen. Die Schalotten und den Knoblauch in Butter und Olivenöl sautieren. Die Morcheln zugeben, sautieren und würzen. Alles nun mit Cognac ablöschen, mit Madeira und Portwein auffüllen und einreduzieren. Jetzt können Sie das „Morchelwasser" zugeben, alles einreduzieren und dann den Kalbsjus zugeben. Noch einmal alles einreduzieren, die Kräuter zugeben und nochmals abschmecken. Zum Schluss geben Sie die Sahne zu, kochen alles einmal auf und montieren die kalte Butter unter.
Nun servieren Sie die Steaks auf einem Teller und garnieren mit den Gemüsen und etwas Morchelsauce.

Yamagata Beef Rib Eye in Wasabi-Kruste, mit Miyoga, Farn und jungen Kartoffeln, Morchel-Sauce

NISEI
財界二世学院

IZU

JAPAN UND DAS MEER

Unterwegs nach Izu, einer Halbinsel südlich von Tokio. Der Küstenabschnitt ist ein beliebtes Ausflugsziel der Großstädter. Nachdem der Zug den Großraum Tokio hinter sich gelassen hat, schlängelt er sich mal in Tunnels, mal im Freien der Küste entlang. In den unzähligen Buchten verstecken sich kleine Badeorte, deren Hotels meist eine Thermalquelle haben. Oft findet man in den Felsen am Meer kleine Freiluft-Pools, in deren heißem Wasser man freie Sicht aufs Meer genießt.

Das Meer hat Japan vom Rest der Welt getrennt und die 30 000 Kilometer lange Küste seine Geschichte und Kultur geprägt. Der Inselstatus hatte eine zeitweise enorm starke Isolation zur Folge. Nachdem im frühen 17. Jahrhundert das Christentum in Japan gewaltsam unterdrückt und alle Europäer des Landes verwiesen wurden, entstand 1634 vor Nagasaki eine künstlich aufgeschüttete Insel, Dejima, und mit ihr begann eine 200-jährige Phase der totalen Isolation. Die Insel hatte eine Größe von rund 80 auf 100 Meter und war durch eine Brücke mit der Stadt verbunden. Sie war das einzige Tor Japans zur Außenwelt. Den Platz der vertriebenen portugiesischen, katholischen Händler nahmen dann die antiklerikalen Holländer ein. Kaum mehr als zwanzig von ihnen bevölkerten die kleine Insel und hielten unter dem Banner der VOC, der „Vereenigde Oost-Indische Compagnie“, den Handel mit Japan aufrecht. Den Europäern war der Nachzug ihrer Familien untersagt, man erlaubte ihnen jedoch Besuche von japanischen Prostituierten.

Einmal im Jahr wurde dem Obmann der holländischen Händler die Pflicht auferlegt, eine Reise an den Hof des Shoguns nach Edo (Tokio) zu unternehmen, der 90 Reisetage entfernt war. Dort sollte er die Behörden detailliert über den Stand der Welt informieren. So versuchte sich Japan über 200 Jahre lang von den Einflüssen der Außenwelt zu schützen und sich trotzdem über deren Errungenschaften auf dem Laufenden zu halten. Mitte des 19. Jahrhunderts erzwangen die Amerikaner die Öffnung Japans gewaltsam. Admiral Perry erreichte 1853 die Küste mit seinen „schwarzen Schiffen“.

Morgens um sechs holen sich
die Menschen von Izuatagawa den
ersten Fisch direkt am Hafen.

FUGU TAWASHI GEHÄKELT

REZEPT 44

ZUTATEN
100% Acryl-Garn
in mittlerer Garnstärke
in Grau, Weiss und Schwarz
Häkelnadel (3½ bis 4½)
passend zur Garnstärke
Wollnadel
Sicherheitsnadel
Schere

ABKÜRZUNGEN
M = Masche
LM = Luftmasche
FM = Feste Masche

Durchschnittlich fünf Japaner sterben jedes Jahr beim Genuss von Fugu, dem Fleisch des Kugelfischs. Es sind fast ausnahmslos Privatleute, die sich im Umgang mit dem Fisch ungeschickt anstellten. Professionelle Köche benötigen in Japan zur Zubereitung des Kugelfischs eine spezielle Lizenz. Denn die Leber des Kugelfisches enthält das Nervengift Tetrodotoxin, das nach der Einnahme beim Menschen nach kurzer Zeit zu Lähmungserscheinungen und später zum Tod führen kann. Dies und die Tatsache, dass der Genuss von Fugu zum Statussymbol geworden ist, machen dieses Gericht zu einer teuren Angelegenheit. Wir wollen uns hier weder in Unkosten stürzen noch unser Leben gefährden – und helfen uns ganz einfach: Hier das Rezept zum Häkeln eines „Tawashi" in Form eines Kugelfischs. Der Tawashi ist ursprünglich eine Bürste zum Reinigen von Geschirr und Töpfen. Der hier beschriebene „Eco Tawashi" ist die modernere Umsetzung dieses Werkzeugs. Eco, weil wie bei Mikrofasertüchern keine zusätzliche Seife benötigt wird. Man reinigt damit beinahe alles, Töpfe, Geschirr, Badewannen oder auch Schuhe. Hergestellt werden diese aus besonders feinem Acryl-Garn (zum Beispiel aus Cafe Kitchen Yarn, einem Garn, das antibakterielle Eigenschaften besitzen und so den Tawashi länger sauber und geruchfrei halten soll). Sollte man kein spezielles Tawashi-Garn finden, so kann man auch 100-Prozent-Acryl-Garn nehmen. Ganz ohne Reinigungsmittel geht es damit aber nicht. In Japan findet man in vielen Geschäften fertige Tawashis. Aber meistens werden diese selber gehäkelt.

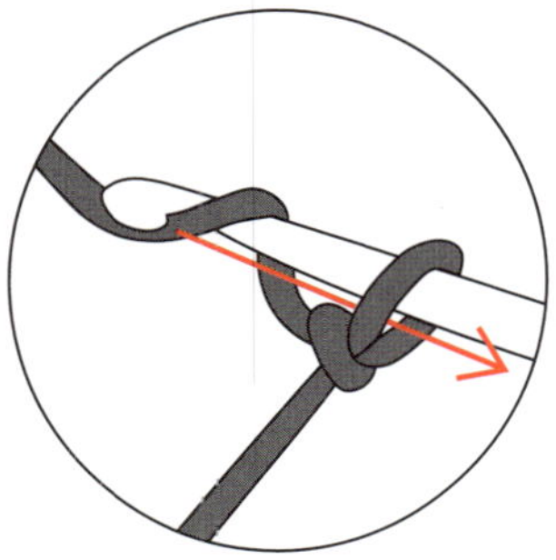

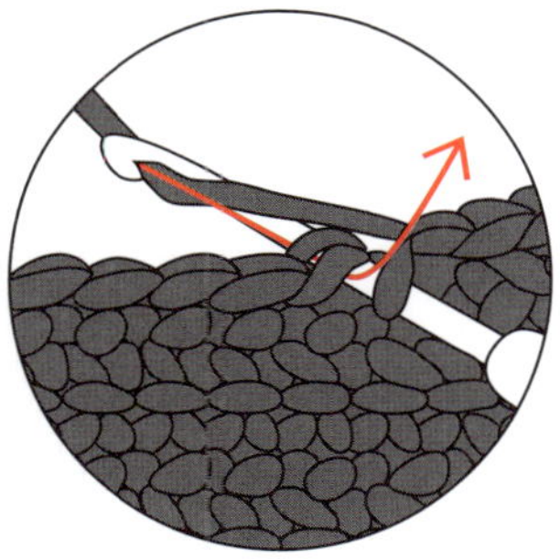

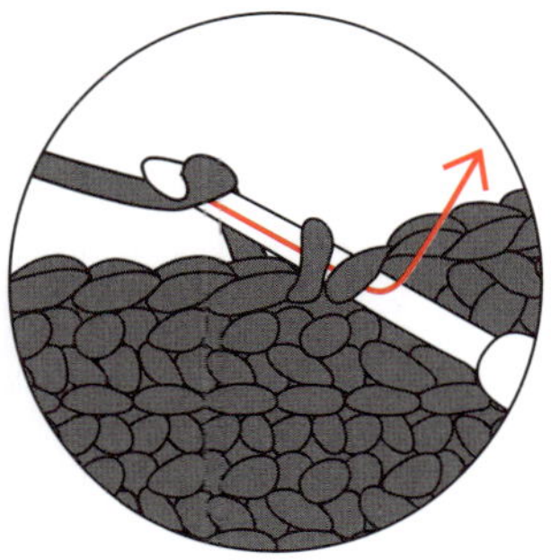

Beim Häkeln sollten Sie zwei Sachen wissen: Bild 1) Luftmasche: Das Garn von hinten nach vorn um die Häkelnadel schlingen und durch die Schlaufe ziehen. Bild 2) feste Masche: durch beide obenauf liegenden Maschenglieder stechen. Das Garn um die Häkelnadel schlingen und durchholen. Nun liegen zwei Maschen auf der Nadel. Bild 3) Garn ein weiteres Mal schlingen und durch beide Maschen ziehen. Damit der Fugu schön rund wird, häkeln Sie in einem Kreis und nehmen in jeder Runde 6 Maschen zu. Dazu werden an bestimmten Orten zwei feste Maschen in eine gearbeitet. Damit Sie den Anfang der Runde jeweils finden, bezeichnen Sie die erste Masche immer mit einer Sicherheitsnadel und versetzen diese in jeder Runde.

Vorder- und Rückseite (graues und weisses Garn): 3 LM häkeln. Mit der Häkelnadel in die erste Masche stechen und das Garn durchziehen, um einen Ring zu formen. 1. Runde: 6 FM in den Ring arbeiten = 6 M. 2. Runde: jeweils 2 FM in eine M arbeiten = 12 M. 3. Runde: in jeder zweiten Masche 2 FM in eine M häkeln = 18 M. 4. Runde: in jeder dritten Masche 2 FM in eine M häkeln = 24 M. 5. Runde: in jeder vierten Masche 2 FM in eine M häkeln = 30 M. 6. Runde: in jeder fünften Masche 2 FM häkeln = 36 M. 7. Runde: in jeder sechsten Masche 2 FM in eine M häkeln = 42 M. 8. Runde: in jeder siebten Masche 2 FM häkeln = 48 M. 9. Runde: in jeder achten Masche 2 FM häkeln = 54 M. 10. Runde: in jeder neunten Masche 2 FM häkeln = 60 M. Garn bei 40 cm abschneiden.

Augen (weisses Garn): Gleich wie bei der Vorder- und Rückseite beginnen. Nur die 1. Runde häkeln. Garn bei 20 cm abschneiden. Pupillen (schwarzes Garn): 3 LM häkeln und zum Ring schliessen. Garn abschneiden. Garnenden durch die Mitte vom Auge stechen und hinten verknoten. Mund (weisses Garn): 15 LM häkeln. Wenden und 14 FM häkeln. Garn bei 20 cm abschneiden. In der Hälfte falten und die Mitte zunähen. Flossen (zweimal weiss, Rückenflosse in Grau): 4 LM häkeln. Wenden, 3 FM, 1 LM häkeln. Wenden, 3 FM, 1 LM häkeln. Wenden und in jede Masche 2 FM häkeln = 6 M. Garn bei 20 cm abschneiden.

Nun können Sie die Augen und den Mund auf den grauen Kreis aufnähen und die Stacheln mit schwarzem Garn aufsticken. Die Rückenflosse nähen Sie in die Mitte des weissen Kreises. Dann werden alle Fäden auf den Innenseiten vernäht. Jetzt legen Sie die fertig bestickten Teile aufeinander und nähen diese der äußeren Kante entlang zusammen. Dabei nähen Sie die seitlichen Flossen mit an.

Fugu
Tawashi

GLOSSAR

Agedama) oder Tenkasu, japanisch für „frittierte Tropfen“, wird meist mit den Teigresten nach der Zubereitung von Tempura hergestellt. Der übrig gebliebene Teig wird ganz einfach im heißen Fett ausgebacken. Luftdicht verschlossen, hält sich Agedama einige Wochen. Man erhält Agedama in guten japanischen Lebensmittelgeschäften bereits vakuumiert. Agedama wird als Einlage in verschiedenen japanischen Gerichten verwendet, wie zum Beispiel Takoyaki.

Azukibohnen) sind eine rote Bohnensorte und in Japan die beliebtesten Hülsenfrüchte. In fast allen japanischen Süßigkeiten werden sie püriert als Anko, als eine süße Paste verwendet. Man erhält sie in den meisten asiatischen Lebensmittelgeschäften und immer öfter auch in westlichen Supermärkten in getrockneter Form.

Bambussprossen) sind eines der ganz wichtigen Frühlingsgemüse Japans. Bei uns bekommt man sie meist nur vorgegart vakuumiert oder in Dosen. Diese sind mit den frischen Sprossen nicht vergleichbar in Geschmack und Konsistenz. Sie haben im Geschmack eine gewisse Ähnlichkeit mit frischen Artischockenherzen und sind je nach Jahreszeit ein guter Ersatz.

Bonito/Bonito-Flocken) Der Bonito, der gestreifte Thunfisch, in Japan Katsuo genannt, ist ein Wanderfisch aus der Familie der Makrele. Frisch zubereitet wird er vor allem im Sommer, der Hauptfangzeit des Fisches. Bis zu 40 Prozent des Fanges werden jedoch nicht frisch verwendet, sondern gegart, zu Blöcken gepresst, getrocknet und so verkauft. Diese Blöcke werden dann zu Flocken (Katsuoboshi) geraspelt und so zum Hauptbestandteil des japanischen Grundfonds Dashi.

Chirimenjako) Die gekochten und sonnengetrockneten Minisardinen werden als Bei- und Einlage verwendet. Oft werden sie von den Fischern direkt am Strand getrocknet. Sie sind in japanischen Lebensmittelgeschäften erhältlich.

Daikon) Der japanische Rettich ähnelt dem bei uns erhältlichen weißen Rettich sehr stark und kann daher problemlos durch diesen ersetzt werden. Er wird gedünstet als Gemüse eingesetzt, gerieben als Einlage für Suppen und Saucen oder fein geschnitten als Garnitur zu Sashimi.

Dashi) ist der japanische Grundfond und wird als Basis für nahezu alle Saucen und Suppen gebraucht (Rezept Seite 10). Dashi ist relativ schnell und einfach zubereitet, so dass es sich eigentlich nicht lohnt, die ebenfalls erhältliche Instant-Dashi zu kaufen. Dashi sollte am selben Tag verwendet werden, kann aber sehr gut auch eingefroren werden.

Enoki) Der Enoki ist neben dem Shiitake der beliebteste Speisepilz in Japan. Es ist ein kleiner weißer Pilz mit langem Stil und winzigem Kopf und besitzt einen leicht nussigen Eigengeschmack. Er wird in quadratischen Plastikschalen gezüchtet und daher meist in kleinen Büscheln verkauft. In Japan werden ihm nebst seinen geschmacklichen und vor allem dekorativen auch heilende Eigenschaften nachgesagt. Dazu sollen die Stärkung des Immunsystems und die Linderung von Leberbeschwerden gehören.

Gobo) ist die dünne braune Wurzel der Klette und stammt aus dem Mittelmeerraum. Sie wird seit jeher in der chinesischen Naturheilkunde eingesetzt. In Japan setzte sich Gobo aber in erster Linie als Gemüse durch. Die Wurzel ist bei uns selten erhältlich und am einfachsten durch Schwarzwurzel zu ersetzen.

Hijiki) ist eine sehr beliebte Seetangart und wie in Japan auch bei uns getrocknet erhältlich. Hijiki wird meist in heißem Wasser eingeweicht, danach oft gebraten und als Beilage oder in Salaten serviert.

>

Johinko) ist ein Reismehl, das für die meisten japanischen Süßigkeiten verwendet wird und in japanischen Lebensmittelgeschäften erhältlich ist.

Kabocha) ist ein eher kleiner, sehr dickschaliger japanischer Kürbis. Er misst etwa 20 Zentimeter im Durchmesser und besitzt ein süßes, nussiges Aroma, das stark an die Edelkastanie erinnert. Immer häufiger erhält man ihn in asiatischen Lebensmittelgeschäften.

Katsuoboshi) siehe Bonito Seite 233 ...

Kombu) oder Riementang ist eine Braunalge, die ihren Lebensraum in den kühlen Gewässern rund um Hokkaido, Japans Norden, hat. Wie viele andere Algenarten wird auch Kombu immer häufiger an der europäischen Atlantikküste kultiviert. Kombu wird in der japanischen Küche in erster Linie zur Herstellung von Dashi verwendet.

Lotus/Lotuswurzel) Der Lotus gehört zur Familie der Seerosengewächse. Gegessen werden vom Lotus eigentlich alle Teile. Die jungen Blätter und Stängel werden leicht gedünstet und mit Reis oder die Samen frisch als Snack serviert; hauptsächlich wird er jedoch wegen seiner Wurzel angebaut. Diese kann frisch in Salaten serviert, sauer eingelegt, gedämpft oder gebraten zubereitet oder auch frittiert werden. Bei uns ist sie meist nur in konservierter Form erhältlich.

Maitake) Der Maitake-Pilz, oder Klapperschwamm, ist einer der ganz beliebten japanischen Speisepilze und wird auch bei uns kultiviert. Er spielt seit je eine wichtige Rolle in der traditionellen chinesischen Medizin, seine Heilwirkung bei Tumorerkrankungen und Diabetes wird momentan intensiv erforscht.

Matcha) heißt „gemahlener Tee" und ist jener Tee, der in der japanischen Teezeremonie verwendet wird. Die Grünteepflanzen werden einige Wochen vor der Ernte komplett abgeschattet. Dadurch entsteht ein besonders hochwertiges, dunkelgrünes Blatt, das nach der Ernte gedämpft, getrocknet und danach fein gemahlen wird. Matcha-Tee wird ausschließlich in Japan hergestellt und sollte möglichst frisch verbraucht werden. Geöffnete Teeverpackungen sollten im Kühlschrank, am besten erneut vakuumiert aufbewahrt werden.

Mirin) ein Reiswein, ist der in der japanischen Küche am häufigsten verwendete Kochwein. Da er nur teilweise vergoren wird, schmeckt er leicht süßlich. Mirin wird nach dem Öffnen im Kühlschrank aufbewahrt.

Miso) ist eine Paste, die in erster Linie mit Sojabohnen hergestellt wird. Dazu werden die Sojabohnen gekocht und zerstoßen und je nach Sorte mit Reis, Gerste oder anderen Getreiden gemischt. Dann versetzt man sie mit einer Pilzkultur und lässt sie reifen. Danach wird Salz hinzugefügt. Die Farbe der Misopaste kann von Hellbraun bis Schwarz variieren. Die dunkleren Pasten haben einen höheren Salzanteil. In Dashi aufgelöst und aufgekocht, ergibt eine Misosuppe. Nach dem Öffnen der Verpackung kann Miso in einem verschlossenen Glas im Kühlschrank einige Monate aufbewahrt werden.

Mitsuba) auch japanische Petersilie genannt, wird als Würzkraut in Suppen oder Salaten verwendet oder zu Tempura frittiert. Zu starkes Kochen lässt es jedoch bitter werden. Mitsuba ist bei uns kaum erhältlich, kann jedoch durch frischen Kerbel ersetzt werden.

Mizuna) ist ein japanisches Blattgemüse, welches am ehesten vergleichbar ist mit dem europäischen Rucola. Es schmeckt jedoch etwas milder und wird in Salaten oder zur Dekoration verwendet. Mizuna wird auch immer häufiger bei uns kultiviert.

Nameko) Von allen japanischen Pilzen ist der Nameko („glitschiger Pilz“) der einzige, der wegen seiner schlechten Haltbarkeit auch in Japan fast nur in Dosen oder Gläsern erhältlich ist. Er wird meist als Einlage in Suppen verwendet und kann beim Garen viel Stärke freisetzen, was bei verschiedenen Gerichten eine zusätzliche Bindung ermöglicht.

Nori) ist ein Sammelbegriff für eine getrocknete und später geröstete Seetangart und immer in Blättern von 18 × 20 cm erhältlich. Bei uns in erster Linie bekannt als Hüllmaterial für Sushi-Rollen, ist gewürztes Nori mit einer Schale Reis ein wichtiger Bestandteil des japanischen Frühstücks. Nori wird, in dünne Streifen geschnitten, oft auch als Garnitur verwendet. Nori-Blätter sollten trocken aufbewahrt und können vor Gebrauch bei leichter Hitze etwas geröstet werden, so werden sie wieder knusprig und entfalten ihr volles Aroma.

Reisessig) ist eines der ältesten Würzmittel der japanischen Küche. Gewaschener und eingeweichter Reis wird gedämpft und durch Zugabe einer Hefe vergoren, es entsteht Alkohol. Aus diesem Reiswein wird danach der Essig hergestellt. Wichtig ist der Reisessig für die Zubereitung von Sushi-Reis.

Sake) ist ein klarer oder weißlich trüber, aus gedämpftem Reis hergestellter Wein mit einem Alkoholgehalt von 15 bis 20 %. Die Reiskörner werden vor dem Fermentieren unter anderem auch poliert, um die äußeren Kleieschichten zu entfernen. Je stärker die Politur, umso hochwertiger der Sake. Beim Dai-ginjo, dem teuersten Sake, werden mindestens 50 % des Reiskorns beim Polieren entfernt. Sake wird, sollte er nicht als Getränk dienen, vor allem für Saucen und Marinaden verwendet und kann auch durch einen trockenen Sherry ersetzt werden.

Shiitake) Der Shiitake ist einer der meist angebauten Speisepilze überhaupt. In den Wäldern Japans wächst er auch wild, die meisten verkauften Pilze stammen jedoch aus Zuchten. In Ostasien wird der Pilz auch medizinisch eingesetzt. Häufiger Konsum soll beispielsweise bei Magenbeschwerden, Kopfschmerzen, Entzündungen und Schwindelgefühlen helfen und sogar Tumore heilen. Der Shiitake ist auch getrocknet erhältlich.

Shimeji) Der Shimeji ist ein kleiner dunkelbrauner Pilz, wächst in der Natur vor allem auf Holz, meist an Buchen, und ist daher bei uns auch als Buchenpilz bekannt. Er ist am ehesten mit dem Stockschwämmchen vergleichbar und wird inzwischen auch in Europa gezüchtet.

Shiratamako) Ein stärkehaltiges japanisches Reismehl aus gewaschenem Klebereis. Es werden vor allem Süßigkeiten damit hergestellt. Das Stärkemehl gibt den Speisen eine unglaublich seidige Textur. Ersetzen kann man es durch Mochiko, ein anderes Reismehl, dem man etwas Maisstärke beigibt (etwa einen Esslöffel auf 100 g Mochiko).

Shi Shi to) Japanische milde grüne Chilischoten, sind durch jede milde Chiliart zu ersetzen.

Shiso) oder das Perillablatt, ist eines der meistverwendeten Kräuter der japanischen Küche. Shiso ist eine einjährige Pflanze und wird in grünblättrigen und rotblättrigen Arten kultiviert. Ihr Geschmack erinnert an eine Mischung aus Minze, Zitrone und Basilikum. Minze und Basilikum zu gleichen Teilen sind auch der beste Ersatz. Verwendet wird Shiso in der japanischen Küche vor allem für Sashimi, Salate und gegrillten Fisch. Shiso werden Sie bei uns kaum finden, ist jedoch als Topfpflanze problemlos zu ziehen.

>

Sichimi Togarashi) oder „sieben Gewürze", ist eine japanische Gewürzmischung auf der Basis gemahlener Chilischoten. Dazu gehören üblicherweise Mohn- und Sesamsamen sowie Noriblätter, Mandarinen oder Yuzuschale und Sanshopfeffer (ähnlich dem Szechuanpfeffer). Sichimi Togarashi wird vor allem für Suppen, Nudelgerichte und zum Würzen von Fleisch eingesetzt.

Soba-Nudeln) Die bräunlich-grauen Soba-Nudeln werden aus dem Mehl der Buchweize hergestellt und je nach Jahreszeit kalt mit einer Dipsauce oder heiß in einer Brühe gegessen. Kühl und dunkel gelagert, sind sie sehr lange haltbar.

Sojasauce) Die Sojasauce wird aus fermentierten Sojabohnen, Salz und oft auch Weizen hergestellt und ist Japans wichtigstes Würzmittel. Die Herstellung der japanischen, meist dunklen Sojasauce unterscheidet sich von der chinesischen durch ein oft längeres und schonendes Brauverfahren. Von der Sojasauce werden nur einige wenige Tropfen eingesetzt, sie soll nicht dominieren, sondern Gehalt geben. In Marinaden und Saucen ist sie oft unverzichtbar. Es existieren in Japan fünf verschiedene Arten von Sojasaucen; die beliebteste, als Allzwecksauce einsetzbare ist die „Koikuchi Shoyu". Für viele Rezepte wird jedoch auch die hellere Variante, die „Usukuchi Shoyu" gebraucht. Eher schwierig zu finden ist die „Shiro shyu", die „weiße" Sojasauce, die mit hohem Getreideanteil hergestellt und sehr hell ist und einen süßlichen Geschmack hat. Diese Sojasauce wird vor allem für Gerichte verwendet, bei denen die natürliche Farbe erhalten bleiben soll.

Tenkasu) siehe Agedama Seite 233 …

Tofu) Bei der Gerinnung von Sojamilch entsteht Quark, der zur Herstellung von Tofu gebraucht wird. Die verschiedenen Tofus unterscheiden sich in erster Linie in ihrer Konsistenz. Der sehr weiche und feine Tofu wird Seidentofu genannt, der etwas festere Baumwolltofu. Guten Tofu kriegt man in asiatischen Lebensmittelgeschäften, aber auch in Reformhäusern. Im Kühlschrank in einem mit Wasser gefüllten Behältnis gelagert, hält er ein paar Tage. Das Wasser muss jeden Tag gewechselt werden.

Udon) Im Gegensatz zu den Soba-Nudeln, die aus Buchweizenmehl bestehen, werden die Udon-Nudeln aus Weizenmehl hergestellt. Der Teig wird mit warmem Wasser und viel Salz geknetet, und dem Kochwasser wird danach kein Salz beigefügt. Udon-Nudeln werden meist als Einlage in einer Suppe oder in einem Salat verwendet. Sie sind vorgekocht und vakuumiert oder getrocknet erhältlich.

Umami) ist die Bezeichnung für einen Geschmackseindruck, der vorwiegend durch die Aminosäure Glutamin entsteht. Der japanische Fond Dashi mit seinen Grundzutaten Kombu und den Bonito-Flocken ist schon seit jeher ein grundlegendes Element der japanischen Küche. Warum die Alge Kombu diesem Fond seine einzigartige Fülle verleiht, war 1908 Gegenstand einer Untersuchung des japanischen Wissenschaftlers Kikunae Ikeda. Er entdeckte das Mononatriumglutamat als geschmacksbestimmende Komponente der Alge und nannte diesen sensorischen Eindruck „Umami". Übersetzen kann man den Namen dieser so entdeckten fünften Geschmacksrichtung (siehe Seite 135), die weder als salzig noch als süß, bitter oder sauer beschrieben werden kann, in etwa mit „größte Köstlichkeit". Heute weiß man, dass das geschmacksverstärkende Glutamat in natürlicher Form auch in Tomaten, reifem Käse, Fleisch sowie in der menschlichen Muttermilch vorkommt. Der angenehme Umami-Geschmack fördert vermutlich die Aufnahme von Proteinen.

Umeboshi) ist die in Salz und rote Shisoblätter eingelegte Frucht des Ume-Baumes. Oft wird sie als Pflaume bezeichnet, ist jedoch botanisch eher mit der Aprikose verwandt. Sie schmeckt sehr sauer und äußerst salzig. Viele traditionelle Japaner beginnen ihren Tag mit einer Tasse Tee und zwei Umeboshi. Sie gelten in Japan als zuverlässiges Naturheilmittel. Die Frucht soll allgemein stärkend auf den Organismus wirken und die Verdauung normalisieren. Sie soll bei Verstopfung helfen und die Darmflora positiv beeinflussen. Bei Appetitlosigkeit, Übelkeit und Kopfschmerzen und als Hausmittel bei Völlegefühl, Erkältungen und Fieber wird sie ebenso eingesetzt, sie soll sogar die Beschwerden bei einem Kater lindern. In Asien wird sie bei der Krebsdiät empfohlen. In kulinarischer Hinsicht wird Umeboshi oft als Beilage serviert und erinnert auf Reis angerichtet an die japanische Flagge. Umeboshi ist auch bei uns in Einmachgläsern erhältlich und gilt als unendlich haltbar.

Wakame) ist die beliebteste aller Seetangarten, äußerst nährstoffreich und ist auch aus der Bretagne erhältlich, dies vor allem getrocknet und gesalzen. Wakame wird in kaltem Wasser eingelegt und danach oft als Einlage in Suppen oder Salaten gebraucht.

Wasabi) der japanische grüne Meerrettich, ist eine mehrjährige Wasserpflanze, von der in erster Linie die knotige, grüne, etwa karottengroße Wurzel verwendet wird. Frische Wasabiwurzeln sind sehr teuer und bei uns kaum erhältlich. Verwenden Sie daher Wasabi in Pulverform. So können Sie jeweils genau die Menge anrühren, die Sie benötigen (mit lauwarmem Wasser). Lassen Sie die Paste dann etwa 10 Minuten ruhen, damit sich das Aroma voll entwickeln kann. Zu rohem Fisch ist Wasabi unverzichtbar. Aber auch in Saucen kann Wasabipaste verwendet werden oder zur Aromatisierung eines Kartoffelstocks.

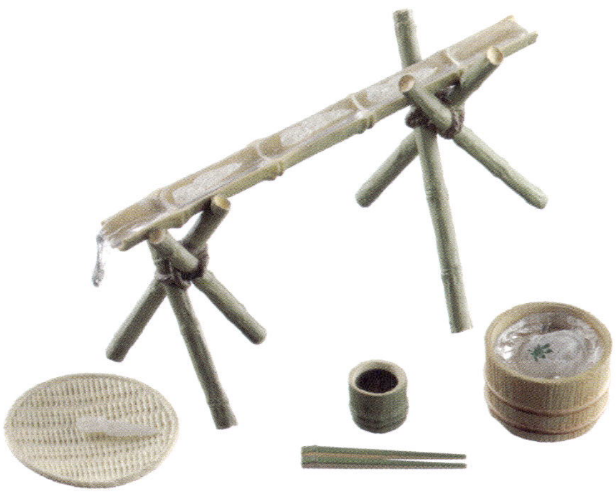

Yams) Yam oder Yamswurzel ist eine Knolle, die in Geschmack der Edelkastanie oder einer Süßkartoffel ähnelt. In der japanischen Küche wird sie meist geraspelt als Einlage für Suppen und Saucen verwendet. Die Yamswurzel ist immer öfter auch bei uns erhältlich.

Yuzu) ist die weitaus beliebteste Zitrusfrucht der japanischen Küche. Ihr Säureanteil ist nicht ganz so hoch wie derjenige der Zitrone, ihr Aroma jedoch etwas intensiver. In japanischen Lebensmittelgeschäften ist Yuzusaft meist erhältlich, ansonsten mischen Sie Limetten- und Zitronensaft zu gleichen Teilen. Die Schale wird sehr häufig verwendet. Man findet sie bei uns selten tiefgefroren, ansonsten ersetzen Sie sie am ehesten durch eine Satsuma- oder Mandarinenschale.

Zenmai) der Taubenfarn, ist ein essbarer Farn, der bei uns höchstens getrocknet oder eingelegt erhältlich ist. Im Frühling ist er, wild gepflückt, in gewissen Bergregionen Japans eine beliebte Delikatesse.

ARIGATO

DANK

IMPRESSUM

Für Anne-Catherine
Für Urs

Der Autor bedankt sich herzlich bei: Markus Amstad, Eveline Amstutz, Barbara Baumann, Marion Bierling, Karin Böhnke, Beat Brechbühl, Konrad Busslinger, Simon Eugster, Christoph Fellmann, Alain Grossenbacher, Stefan Haas, Chisako Kawabata Heiniger, Hatsumi Hoshino, Urs Hunziker, Brigitte Hürzeler, Richard Kägi, Azusa Kido, Werner Kirschbaum, Tomoko Kitao, Tanimoto Kotaro, Takako Kuniyuki, Annalisa Lombardo, Theo Lustenberger, Stefan Moerth, Kazunari Miyake, Naoki Miyake, Taka Miyake, Kiyomi Mikuni, Adrian Müller, Gertrud und William Müller, Patrik Müller, Miyuki Murata, Konrad Muschg, Naoki Nishimura, Daisuke Odajima, Michiko Odajima, Minoru Odajima, Peter Oppliger, Franca Pedrazzetti, Bruno Ryffel, Yosuke Saito, Sabine Scholl, Schweiz-Japanische Gesellschaft, Silvia Staub Sievers, Slow Food Schweiz, Stefanie Mambelli, Oliver Roth, Monika Schmidhofer, Mamoru Sugiyama, Miya Suwa, Hiromasa Suzuki, Junko Suzuki, Eiichi Takahashi, Keisuke Tejima, Sachiko Tejima, Werner Tobler, Hideki Uno, Hiroyuki Unno, Nadine Wächter Moreno, Evelyne Walker, Ruedi Wietlisbach

Realisiert mit großzügiger Unterstützung von Kaiten Sushi Planet, Luzern

Sylvan Müller, 1973 in Luzern/Schweiz geboren und aufgewachsen, beginnt 1990 die Ausbildung zum Fachfotografen. Danach realisiert er zahlreiche Reportagen, unter anderem in Tschernobyl, der DDR und Äthiopien und gründet 1996 mit Beat Brechbühl fabrik studios, deren Mitinhaber er bis heute ist. Mit Studios in den USA und der Schweiz arbeitet er für internationale Kunden. Er bereist 2007 zum ersten Mal Japan und verliebt sich in das Land, seine Menschen und seine kulinarische Vielfalt, die er mit seiner Kamera zu dokumentieren beginnt. Er lebt und arbeitet in Luzern.

Grafische Gestaltung und Redaktionsmitarbeit: Stefan Haas, Luzern, www.haasgrafik.ch
Illustrationen: Miya Suwa, Tokio, www5.plala.or.jp/suwadesignstudio
Fotolitho: Brigitte Hürzeler, Luzern; Redaktion: Christoph Fellmann, Luzern
Übersetzungen: Barbara Baumann, Chisako Kawabata Heiniger, Takako Kuniyuki, Miya Suwa
Häkelanleitung: Anne-Catherine Lüke, Luzern, www.knit-kit.ch
Dieses Buch ist unter dem gleichen Titel und in gleicher Ausstattung erstmals 2009 bei Brunner AG, Druck und Medien, erschienen.
Druck: Firmengruppe APPL, aprinta druck, Wemding
Printed in Germany
ISBN: 978-3-03800-546-9
www.at-verlag.ch
www.kochreisefotobuch.ch